Dieses Buch ist eines von vielen Ergebnissen des Projektes **¡vamos, simbiosis!,** das im Spätsommer 2022 in Águilas, Spanien, mit einem interdisziplinären Team aus über 50 Wissenschaftler:innen und Künstler:innen stattgefunden hat. Mein Dank gilt dem ganzen wunderbaren Team.

Speziell danken möchte ich:
Prof. Annika Guse, Prof. Iñaki Ruiz-Trillo, Prof. Alejandro Sánchez Alvarado und Prof. Aaron F. Straight sowie Prof. Steffen Lemke, Dr. Stephanie Guse, Katrin Funcke und Stefan Michaelsen. Weiterhin Irin Bailey für das tolle Layout, Caroline Ledosquet und Sandra Hörstel für den konzeptionellen Input und Martin Bennett für überhaupt alles.

Außerdem gilt mein Dank dem Guse Lab der LMU München für die mikroskopischen Aufnahmen, Fabian Gasperl, Tobias Brehmer und Axel Warnstedt für die Foto- und Filmvorlagen zu den Porträts, Ryo Minemizu (Instagram: @ryominemizu) für seine fantastischen Fotos und Videos, die eine große Inspiration waren, sowie Christian Sardet und den Macronauts, deren Projekt www.planktonchronicles.org das Thema Plankton einem breiten Publikum zugänglich macht.

Nur mit euch konnte das was werden!

Kristina Heldmann

Hallo Plankton!

Wunderwesen im Wasser

Wissenschaftliche Beratung: Prof. Annika Guse

Verlagshaus Jacoby Stuart

VORWORT

AH UND OH!

Zur Entstehung dieses Buches:
Letzten Sommer war ich mit einigen Freunden und Wissenschaftler:innen am Mittelmeer. Ich habe Bilder gemalt und die anderen haben Wasserproben unter ihren Mikroskopen betrachtet. Die Proben hatten sie von einem kleinen Boot aus frühmorgens aus dem Meer geschöpft.
Die Stimmung rund um die Mikroskope wurde immer besser. Ich hörte begeisterte Ahs und Ohs. Es wurde sogar applaudiert. Jetzt war ich neugierig geworden: „Was habt ihr denn Tolles gefangen?", wollte ich wissen.
„Plankton!", antworteten sie und rückten ein bisschen zur Seite, damit ich auch mal gucken konnte. Ich lugte durchs Mikroskop, stellte mich aber nicht sehr geschickt an. Tatsächlich sah ich da nur etwas Unscharfes, das durch den hellen Bereich schwamm. Ich hoffe, euch wird das besser gelingen.
Ich sagte nur: „Oh!" Erst abends traute ich mich, nachzufragen. „Was genau ist eigentlich Plankton?" Dass die Antwort darauf ein ganzes Buch füllen würde, wusste ich da noch nicht.

Zur Idee des Buches:
Das Buch nimmt euch mit in eine wunderbare Unterwasserwelt, wo manche der Bewohner wirken, als kämen sie von einem anderen Planeten. Doch ist es gar nicht so einfach, sich mit Plankton anzufreunden, denn die meisten der kleinen Wasserorganismen kann man mit bloßem Auge nicht sehen. Dieses Buch zeigt, welch wundersame Wesen zum Plankton gehören, wie und wo sie leben und was sie trotz ihrer meist winzigen Größe so alles können. Ihr lernt Wissenschaftler:innen kennen, denen Plankton bei ihrer Forschung hilft, Meerestiere, die Plankton zum Fressen gern haben, und vor allem lernt ihr das Plankton selbst kennen. Vielleicht geht es euch dann wie uns, und Plankton entlockt euch so manches Ah und Oh!

Zur Darstellung des Planktons:
Die Illustrationen in diesem Buch geben das Aussehen der dargestellten Organismen jeweils nach bestem Verständnis und auf Grundlage zahlreicher Fotografien und umfänglich recherchiertem Bildmaterial wieder. Ich habe mich entschieden, die meist transparenten Plankter auf dunklem Hintergrund, beleuchtet von verschiedenen Seiten, abzubilden und ihre durchsichtigen Körper bläulich bis farbig schimmern zu lassen, so wie sie unter Wasser aussehen.

Zu den Größen und Größenvergleichen:
Einige der Lebewesen, besonders die Algen, sind nur mithilfe eines Mikroskops zu erkennen. In „freier Wildbahn“ kann man sie nicht sehen. Die Illustrationen wollen diese Barriere überbrücken, indem sie sie so darstellen, als könnten wir sie mit unseren eigenen Augen beobachten. Auch die Größenunterschiede der Plankter sind häufig enorm, sodass sie fotografisch nicht zusammen innerhalb eines Bildes darstellbar wären. Ich habe deshalb mit gestalterischen Mitteln einen räumlichen Eindruck erzeugt, sodass zwischen Vordergrund und Hintergrund die Größenverhältnisse aufgehoben werden. Mein Ziel war es, mit den Illustrationen einen eher sinnlichen Zugang zu ermöglichen.

Zu den Namen:
Einige Plankter haben deutsche beschreibende, fast umgangssprachliche Namen, wie zum Beispiel „Strahlentierchen“, andere besitzen nur einen wissenschaftlichen, lateinischen Namen. Ich habe mich für die jeweils einfachste, aber auch eindeutigste Benennung entschieden. So könnt ihr mit den Bezeichnungen im Buch auch gut selbst weiter recherchieren.

Zum Inhalt des Buches:
Alle Informationen in diesem Buch basieren auf dem aktuellen wissenschaftlichen Stand der internationalen Forschung im Januar 2024. Die wissenschaftliche Beratung erfolgte durch Prof. Annika Guse. Dafür noch einmal ein extra Dankeschön.

Nun wünsche ich euch ganz viel Spaß mit diesem Buch und viele neue planktonische Freunde!

Kristina Heldmann

INHALT

DARF ICH VORSTELLEN: PLANKTON

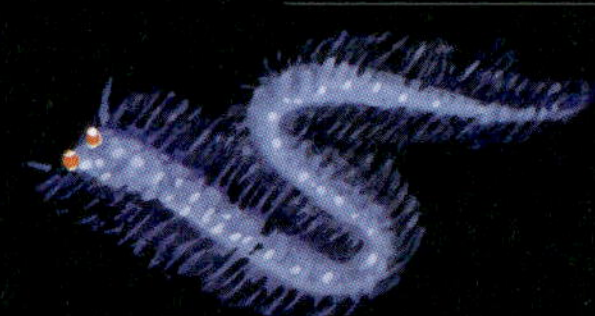

OZEANWÄLDER PHYTOPLANKTON

SUPERHELDEN ZOOPLANKTON

DARF ICH VORSTELLEN:

PLANKTON

Ihr seht nur Wasser?
Nicht verwunderlich!
Unfassbare 98 Prozent der Lebewesen im Ozean sind selbst mit Taucherbrille nicht zu erkennen. Schade, denn hier tummeln sich irre Kreaturen. Und sie haben so manche Superkraft im Ärmel.
Macht euch auf was gefasst!

In diesem Kapitel erfahren wir:
Was Plankton ist.
Wie und wo es lebt.
Seit wann es existiert.
Wer es erforscht.
Wie es sichtbar wird.
Was es alles kann.

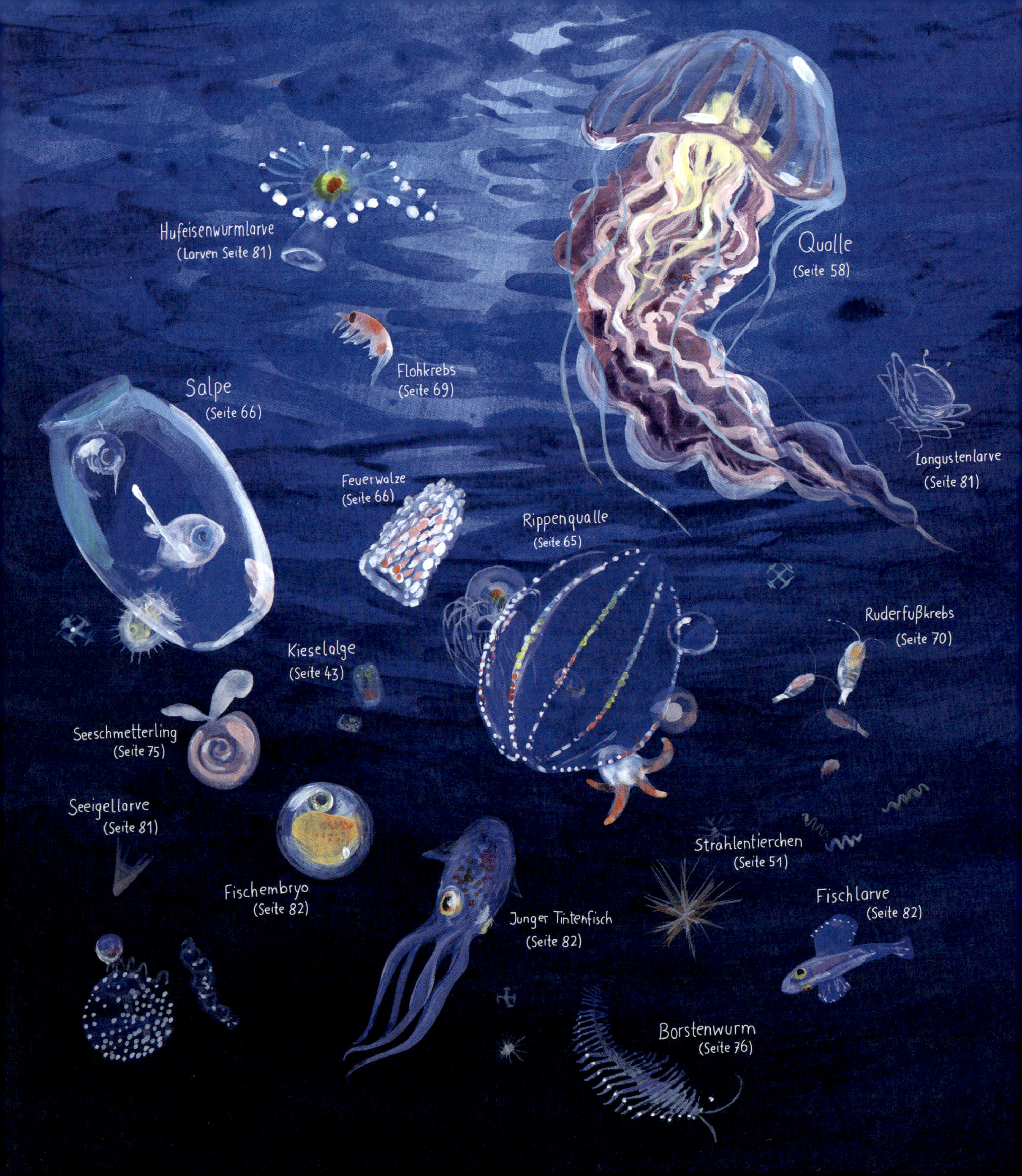
Hufeisenwurmlarve
(Larven Seite 81)
Qualle
(Seite 58)
Flohkrebs
(Seite 69)
Salpe
(Seite 66)
Langustenlarve
(Seite 81)
Feuerwalze
(Seite 66)
Rippenqualle
(Seite 65)
Ruderfußkrebs
(Seite 70)
Kieselalge
(Seite 43)
Seeschmetterling
(Seite 75)
Seeigellarve
(Seite 81)
Strahlentierchen
(Seite 51)
Fischembryo
(Seite 82)
Fischlarve
(Seite 82)
Junger Tintenfisch
(Seite 82)
Borstenwurm
(Seite 76)

LAUSIGE SCHWIMMER

WAS IST PLANKTON?

Die nicht so kurze Antwort beginnt mit:

Plankton ist nicht gleich Plankton
„Löwe" zum Beispiel ist einfach zu erklären. Das ist eine Tierart, die wiederum zu der Tierfamilie „Katzen" gehört. Alle Katzen, egal ob Hauskatze, Löwe oder Luchs, stammen von einem gemeinsamen Urahnen ab und sehen sich ein bisschen ähnlich – vier Beine, Fell und so weiter. Bei Plankton ist das anders. Plankton ist weder eine Tierart noch eine Tierfamilie. Der Begriff umfasst sogar nicht nur Tiere, sondern auch Pflanzen und Bakterien, Viren und Pilze. Alle Lebewesen, die zum Plankton gehören, haben eigentlich nur eine Gemeinsamkeit – sie sind lausige Schwimmer! Sie leben im Wasser, aber können sich einfach nicht gut genug fortbewegen, um gegen die Strömung anzukommen. Sie treiben im Wasser umher wie Staub in der Luft. Das Wort Plankton kommt aus dem Griechischen und bedeutet genau das: „das Umhergetriebene". Guter Name, denn er sagt schon alles.

Tiere und Pflanzen
Um dem Wust von planktonischen Lebewesen Herr zu werden, teilt man sie in zwei große Gruppen ein – das Pflanzenplankton, das auch Phytoplankton heißt, und das Tierplankton, das man Zooplankton nennt.

Zwerge und Giganten
Ein einzelnes Lebewesen im Plankton heißt Plankter. Die meisten Plankter sind winzig. Einige messen sogar weniger als 1 Mikrometer (µm). Das ist 1 millionstel Meter. Diese Organismen sind nur mithilfe spezieller Mikroskope sichtbar. Einige wenige Plankter werden aber auch riesig. Die Gelbe Haarqualle zum Beispiel, die auch Löwenmähnenqualle genannt wird. Sie kann über 2 Meter breit werden und tatsächlich so viel wiegen wie ein ausgewachsener Löwe. Der Größenunterschied zwischen dem kleinsten und dem größten Planktonorganismus ist also gewaltig. Er ist viel größer als der zwischen einem Floh und einem Wal – eher so, als ob der Floh neben einem 3 Kilometer langen Wal stünde.

Planktonischer Kindergarten
Manche Tiere verbringen nur ihre Kindheit im Plankton. Als Ei, Embryo oder Larve treiben sie mit der Strömung. Ihre planktonische Phase ist zu Ende, wenn sie erwachsene Fische, Oktopusse oder Seesterne sind. Dann können sie ordentlich schwimmen oder werden am Meeresboden sesshaft.

*

Was ist das Gegenteil von Plankton?
Wer im Meer auch gegen den Strom schwimmen kann, gehört zum Nekton. Wer weder umhertreibt noch schwimmt, sondern am Boden lebt, gehört zum Benthos.

SICH EINFACH TREIBEN LASSEN

WIE LEBT PLANKTON?

Süß und salzig
Egal ob Badesee, Pfütze, Polarmeer oder Südsee – Plankton kommt im Süß- und Salzwasser weltweit vor. Den meisten von uns ist es wahrscheinlich schon begegnet (nur bemerkt haben wir es vielleicht nicht).
In diesem Buch schauen wir uns hauptsächlich das Meeresplankton an. Es macht den allergrößten Teil des Lebens im Ozean aus.

Hell und Dunkel
In der oberen lichtdurchfluteten Schicht des Wassers lebt das Pflanzenplankton, denn es braucht das Sonnenlicht zum Leben. Das Tierplankton dagegen ist auch in der Dunkelheit großer Tiefen zu finden. Faktoren wie Licht, Nährstoffe, Wassertemperatur, Salzgehalt und natürlich die Strömung beeinflussen, wie viel und welches Plankton es wo gibt.

Unsichtbar
Die meisten Plankter sind transparent, also durchsichtig, und das ist im Wasser eine ziemlich perfekte Tarnung!

In Honig schwimmen
Je kleiner man ist, desto mehr spürt man den Wasserwiderstand. Riesige Wale bemerken ihn wahrscheinlich kaum, für winziges Plankton dagegen ist Wasser zäh wie Honig. Darin zu schwimmen bedeutet eine ganz schöne Plackerei. Wer würde sich da nicht lieber einfach treiben lassen!

Schwimmhilfen
Könnt ihr euch noch daran erinnern, wie ihr schwimmen gelernt habt?
Herausforderung 1: sich im Wasser oben halten.
Herausforderung 2: vorwärtskommen.
Obwohl Plankter hauptsächlich mit der Strömung treiben, müssen sie sich doch so manches einfallen lassen, um nicht zum Meeresboden zu sinken.
Sie nutzen Luftkissen, Öltanks, Fallschirme, Flügel, Flossen, Ruder, Propeller, Borsten und Wimpern.
Mit deren Hilfe können sie auf der Stelle schweben oder sich sogar in der Wassersäule auf und ab bewegen, also hoch zur Oberfläche steigen und auch wieder hinunter in die dunkle Tiefe des Ozeans tauchen.
Nur auf ganz kurzer Strecke, zum Beispiel bei der Jagd, sind einige Plankter flinke Schwimmer. Die große Richtung ihrer Reise können sie jedoch nicht beeinflussen. Manche bilden gemeinsam Flöße oder lange Ketten, andere lassen sich von Größeren per Anhalter mitnehmen.

[**Neue Favoriten in meinem Wortschatz:**
„Einfach planktonisch“ = richtig entspannt
„Ich mach heut' Plankton“ = fern bleiben vom Unterricht
„Planktonieren“ = sich treiben lassen]*

I ♥ PLANKTON

LECKER, PLANKTON!

WEN MACHT ES SATT?

Unzählige kleine Wesen, die nicht schnell schwimmen können? Das klingt nach leichter Beute! Kein Wunder also, dass viele Meeresbewohner Plankton zum Fressen gernhaben. Im Nahrungsnetz der Ozeane spielt es deshalb eine sehr wichtige Rolle. Gäbe es kein Plankton, hätten viele Meerestiere nichts zu futtern.

Am Anfang: Die Lichtesser
Ganz am Anfang aller Nahrungsnetze steht das Pflanzenplankton *(Phytoplankton)*. Es besteht aus klitzekleinen einzelligen Algen und Bakterien, die ihre Energie wie die Landpflanzen aus dem Sonnenlicht bekommen.
Genau wie sie betreiben sie Photosynthese, das heißt, sie wandeln die Zutaten Kohlendioxid (CO_2) und Wasser (H_2O) mithilfe von Sonnenstrahlen um in Zucker (Glukose) und Sauerstoff (O_2). Von dem Zucker lebt das Phytoplankton.

Und der Sauerstoff?
Den Sauerstoff gibt das pflanzliche Plankton ins Meer und in die Luft ab. Jetzt atme zweimal tief ein. Einen der beiden Atemzüge verdankst du dem Phytoplankton. Es produziert nämlich genauso viel Sauerstoff wie alle Landpflanzen der Erde zusammen. Damit ist es für die Hälfte unserer Atemluft verantwortlich.

Der Größere den Kleineren
Das Pflanzenplankton ist das unterste Glied der Nahrungskette. Da alle Nahrungsketten miteinander verwoben sind, sagt man auch Nahrungsnetz. Das Zooplankton lebt entweder vegetarisch vom Pflanzenplankton oder räuberisch von anderem Zooplankton. Es selbst dient größeren Tieren, wie zum Beispiel Miesmuscheln, Makrelen und Heringen, als Speise. Heringe werden wiederum zur Beute von größeren Fischen wie dem Thunfisch. Dieser muss sich vor noch größeren Räubern in Acht nehmen, dem weißen Hai zum Beispiel, zu dessen Lieblingsspeise er gehört. Weiße Haie werden manchmal von Orkas gefressen. So frisst der Größere den Kleineren, am Anfang aber steht das Plankton.

Natürlich gibt es auch Ausnahmen, zum Beispiel den Blauwal. Er überspringt einfach alle Glieder der Nahrungskette und verspeist als größtes Tier der Erde direkt riesige Mengen der kleinsten.

[**Auch Appetit auf Plankton?**
In China kommen Quallen schon seit 1.000 Jahren auf den Teller, zum Beispiel als Salat. In Spanien macht sich Planktonpulver gerade in der feinen Sterneküche einen Namen. Und in der Apotheke kann man Kapseln aus Krillöl kaufen. Auch das wird aus Plankton gewonnen.]*

KENNEN WIR UNS?

WAS HAT PLANKTON MIT MIR ZU TUN?

Ziemlich viel!

Außer Atem
Ohne Plankton gäbe es nur halb so viel Sauerstoff auf der Erde. Da würde die Luft für uns ganz schön dünn.

Knurrender Magen
Apropos dünn, mit Fischstäbchen, Heringssalat und Thunfischtoast wäre ohne Plankton auch Schluss. Das marine Nahrungsnetz könnte nicht mehr funktionieren. Viele Tiere im Ozean hätten Hunger und unzählige Menschen auch.

Sonnenstich und Hitzschlag
Plankton ist ein wahres Klimawunder. Es kann Wolken produzieren und CO_2 loswerden. Damit tut es unserem Klima gut und schützt die Erde vor Überhitzung. Wie es das schafft, sehen wir uns später noch genauer an.

Leere Tanks und kalte Bude
Besonders an den Überresten von Jahrmillionen altem Plankton bedienen wir uns gerne. Wir füllen damit die Tanks unserer Autos, betreiben Fabriken und heizen viele unserer Wohnungen. Denn Öl und Gas war vor Millionen von Jahren einmal Plankton. Von Gesteinsschichten überdeckt und unter hohem Druck verwandelten sich die Organismen über sehr lange Zeit in fossile Kraftstoffe.

Explosion und Mundgeruch
Wisst ihr, was Zahnpasta und Sprengstoff mal gemeinsam hatten? – Genau, Plankton! In beidem steckten Kieselalgen. Sie gehören zum Phytoplankton. Fossile Kieselalgen werden zu Diatomit, und das ist in Dynamit enthalten (klingt ja sogar ähnlich). Früher kam Diatomit auch in Zahnpasta vor. Aber keine Angst, es ist nicht explosiv. Ganz im Gegenteil. Das weißliche Pulver wurde dem Sprengstoff für eine sicherere Handhabung beigemischt. Außerdem hat es eine leicht polierende Wirkung, weshalb es schön weiße Zähne macht.

Schulfrei
Schaut euch mal in eurem Schulgebäude um. Besteht es aus Zement, Mörtel, Beton? Dann könnt ihr sicher sein, dass ihr ohne Plankton kein Klassenzimmer hättet. Denn diese Baumaterialien werden mithilfe von Kalkstein hergestellt. Und Kalkstein besteht zum Teil aus fossilem Plankton. Früher hätte man übrigens ohne Plankton noch nicht einmal etwas an die Tafel schreiben können. Schulkreide wurde aus Kreidegestein hergestellt. Auch das ist fossiles Plankton.
Heute allerdings besteht die Tafelkreide aus Gips, und ihr benutzt in der Schule wahrscheinlich sowieso Smartboards.

*

Augen machen!
Wir Menschen tun uns sehr viel leichter, ein Lebewesen kennenzulernen, wenn es Augen hat. Anschauen verbindet. Wenn euch einige der Wesen in diesem Buch fremd vorkommen, gebt ihnen doch mal Augen! Aufmalen, ausschneiden, drauflegen, fertig.

neu hier
schon lange da

ALT, ÄLTER, PLANKTON

SEIT WANN GIBT ES PLANKTON?

Jetzt haben wir gerade viel von fossilem Plankton gesprochen und wozu man es gebrauchen kann. Aber wie lange gibt es denn überhaupt schon Plankton?

Unsere Erde ist uralt, nämlich ungefähr 4,6 Milliarden Jahre. Zu Anfang bestand sie aus glühender Materie. Es gab kein Leben – weder Pflanzen noch Tiere. Über einen langen Zeitraum kühlte sich die äußere Schicht der Erde ab, und Wasser sammelte sich zu einem Urozean. In ihm entstand vor etwa 3,5 Milliarden Jahren das erste Leben – Plankton!

Zu den ersten Lebewesen gehörten Cyanobakterien, die auch Blaualgen heißen. Sie bestehen aus einer einzigen einfachen Zelle und existieren bis heute im Plankton.
In der Erdgeschichte spielten die Blaualgen eine besonders wichtige Rolle, denn sie betrieben Photosynthese und waren für die Anreicherung der Atmosphäre mit Sauerstoff verantwortlich. So haben sie den Weg bereitet für das Leben, wie wir es kennen.

In den nächsten 2 Milliarden Jahren gab es eine neue tolle Erfindung – den Zellkern, die Kommandozentrale der Zelle. Lebewesen, die aus einer Zelle mit Zellkern bestehen, sind die Vorgänger von Pflanzen und Tieren.

Mit der Zeit begannen manche Zellen damit, Gruppen zu bilden und zusammenzuarbeiten. Aus Zell-Kolonien entstanden vor etwa 1 Milliarde Jahren die ersten mehrzelligen Organismen. Noch immer trieb alles Leben als Plankton im Urozean.

Vor 500 Millionen Jahren, im Erdzeitalter Kambrium, entwickelten sich in einer verhältnismäßig kurzen Zeit sehr viele verschiedene Tiere. Diesen Moment der Erdgeschichte nennt man deshalb die Kambrische Explosion. Viele Nachkommen der Tierstämme von damals findet man noch heute im Plankton, zum Beispiel Quallen.
Die ersten Dinosaurier erschienen übrigens erst mehr als 250 Millionen Jahre später.

Einzeller und Vielzeller
Alle Lebewesen sind aus Zellen aufgebaut. Bakterien und Einzeller bestehen aus nur einer einzigen Zelle, wir Menschen dagegen aus wahnsinnig vielen – etwa 100 Billionen (100.000.000.000.000).

Wie groß ist klein?
Zellen können verschieden groß sein – normalerweise aber sind sie ganz klein – nur zwischen 1 und 30 Mikrometer. Die Eizelle des Vogelstrauß' dagegen ist riesig. Sie misst über 7 Zentimeter!

IÑAKI RUIZ-TRILLO

„SIE KÖNNTEN DER SCHLÜSSEL SEIN."

Mein Name ist Iñaki Ruiz-Trillo. Ich bin Evolutionsbiologe und leite ein Forschungslabor am Institut für Evolutionsbiologie (CSIC – Universitat Pompeu Fabra) in Barcelona.

Ich bin Wissenschaftler geworden, weil ich einfach dem folgte, was ich am liebsten mochte – Biologie. Trotz gut gemeinter Ratschläge sowohl des gesunden Menschenverstands als auch meiner Eltern, die mich entweder als Arzt oder Anwalt sahen, entschied ich mich dafür, Biologe zu werden. Bereits in jungen Jahren konnte man mich über ein Mikroskop gebeugt finden, winzige Universen in Wassertropfen untersuchend, oder meinen örtlichen Park durchstreifen sehen, wie ein gewissenhafter Vogeldetektiv. Meine Tante, eine engagierte Biologin, und ihre Freunde, eine Gruppe leidenschaftlicher Biologen und Wissenschaftler:innen, fungierten als meine persönlichen Cheerleader. Ihre ansteckende Leidenschaft hinterließ einen bleibenden Eindruck und lenkte mich auf den aufregenden Weg der wissenschaftlichen Forschung. Und nicht zu vergessen der einflussreiche Stephen Jay Gould und seine Bücher – Leuchttürme, die mich durch die Wunder der Evolution führten.

In meinem Forschungsbereich untersuche ich die Evolutionsbiologie. Hier tauche ich in die komplexen Mechanismen ein, die die Räder der Evolution antreiben. Es ist eine faszinierende Reise, um das Geheimnis zu lüften, wie sich das Leben im Laufe der Zeit entwickelt und anpasst.

Mein Ziel ist es herauszufinden, wie einzellige Organismen den bedeutsamen Schritt zur Vielzelligkeit gemacht und damit den Grundstein gelegt haben für die erstaunliche Vielfalt der Tiere, die wir heute sehen. Dies stellt eines der faszinierendsten Kapitel der Geschichte des Lebens dar. Mein Traum ist es, diese Geschichte zu entschlüsseln und mit der Welt zu teilen.

Plankton hilft mir bei meiner Forschung, weil wir darin nach neuen einzelligen Arten suchen, die eng mit vielzelligen Tieren verwandt sein könnten. Diese winzigen Organismen könnten der Schlüssel sein, um die Ursprünge vielzelliger Tiere zu verstehen. Das ist das Herz unserer wissenschaftlichen Forschung.

Plankton ist cool, weil es vielfältig, schön und lebenswichtig für die Erde ist. Was gibt es da nicht zu lieben?

Mein Tipp für euch:
Umgebt euch mit Menschen, die es wert sind, eure Freunde zu sein – mit positiven Menschen. Folgt eurer Leidenschaft, folgt eurer Neugier und unterschätzt niemals den Wert interdisziplinärer Zusammenarbeit, also zwischen Wissenschaftlern unterschiedlicher Forschungsbereiche – oft führt sie zu unerwarteten Entdeckungen.

HÜBSCH, ABER UNSICHTBAR

WIE SIEHT MAN PLANKTON?

Manche Wissenschaftler:innen sagen, dass wir über die Meere weniger wissen als über den Mond. Vielleicht haben sie recht, denn 95 Prozent der Ozeane gelten als unerforscht. Eigentlich verrückt, wenn man überlegt, dass sie den größten Teil unserer Erde bedecken. Besonders die Erforschung der Tiefsee (schwer zu erreichen) und des Planktons (schwer zu sehen) profitiert heute sehr vom technischen Fortschritt.

Je nachdem, mit welchem Gerät man einen Plankter betrachtet, sieht er ganz unterschiedlich aus. Schaut euch die Porträts auf der rechten Seite an – ihr seht viermal dasselbe Wesen! Abgebildet ist die Larve einer Aiptasia-Seeanemone *(Exaiptasia diaphana)*. Sie misst etwa 80 Mikrometer und lebt planktonisch, bis sie als erwachsene Seeanemone am Meeresboden sesshaft wird.

Mit einem **Durchlichtmikroskop** (1), wie ihr es in der Schule benutzt, kann man prima mittelgroße planktonische Organismen ansehen. Das Licht durchleuchtet das transparente Wesen und lässt es wie aus Glas erscheinen. Sogar in sein Inneres können wir blicken. Lichtmikroskope erreichen eine tausendfache Vergrößerung.

Eine Unterart der Lichtmikroskopie ist die **Dunkelfeldmikroskopie**. Dabei werden die Organismen nicht durchleuchtet, sondern durch das Licht, das sich an ihnen bricht, sichtbar gemacht. Die Aiptasia-Larve erscheint räumlich und vor schwarzem Hintergrund, in etwa so wie in Bild (2).

Ein **Rasterelektronenmikroskop** (3) erzeugt ein Bild, indem es ein Objekt mit einem Elektronenstrahl abtastet. Es bildet die Oberfläche ab. Man kann in das Objekt nicht hineinsehen. Die mögliche Vergrößerung ist dafür sehr hoch, bis zu 150.000-fach. Selbst von einem absoluten Winzling kann man so ein scharfes und räumlich aussehendes Bild bekommen. Allerdings ist die Abbildung nur schwarzweiß.

Mithilfe der **Fluoreszenzmikroskopie** (4) erhält man ein Bild, in dem unterschiedliche Strukturen in verschiedenen Farben zu sehen sind. In unserem Beispiel sieht man in Grün die Teile, die die Larve stabil machen, ihr Skelett sozusagen. Die blauen Bereiche enthalten die Erbinformation und in Rot sind kleine Algen zu erkennen, die der Larve helfen, Energie aus Sonnenlicht zu gewinnen.

Bitte lächeln!
Größeres Plankton lässt sich auch direkt im Meer beobachten. Besonders schön sieht es aus, wenn es bei Nacht mit einem Makroobjektiv und Beleuchtung fotografiert wird. **Blackwater-Fotografie** nennt man das.

(1)

(2)

(3)

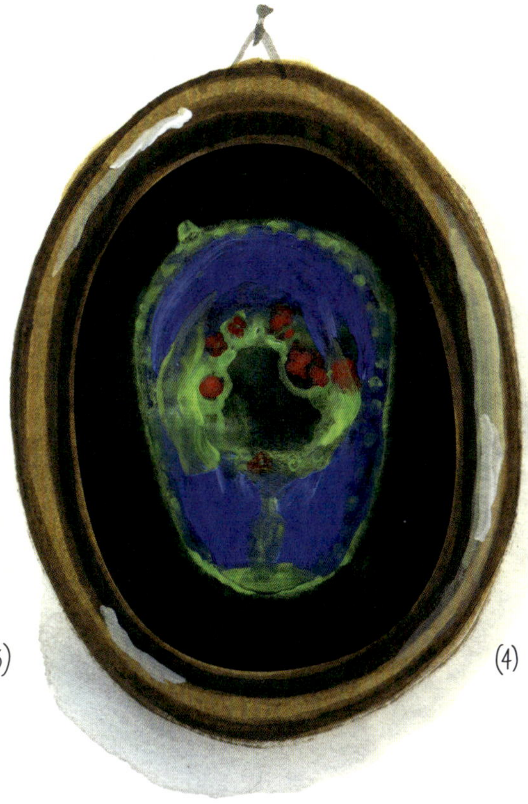

(4)

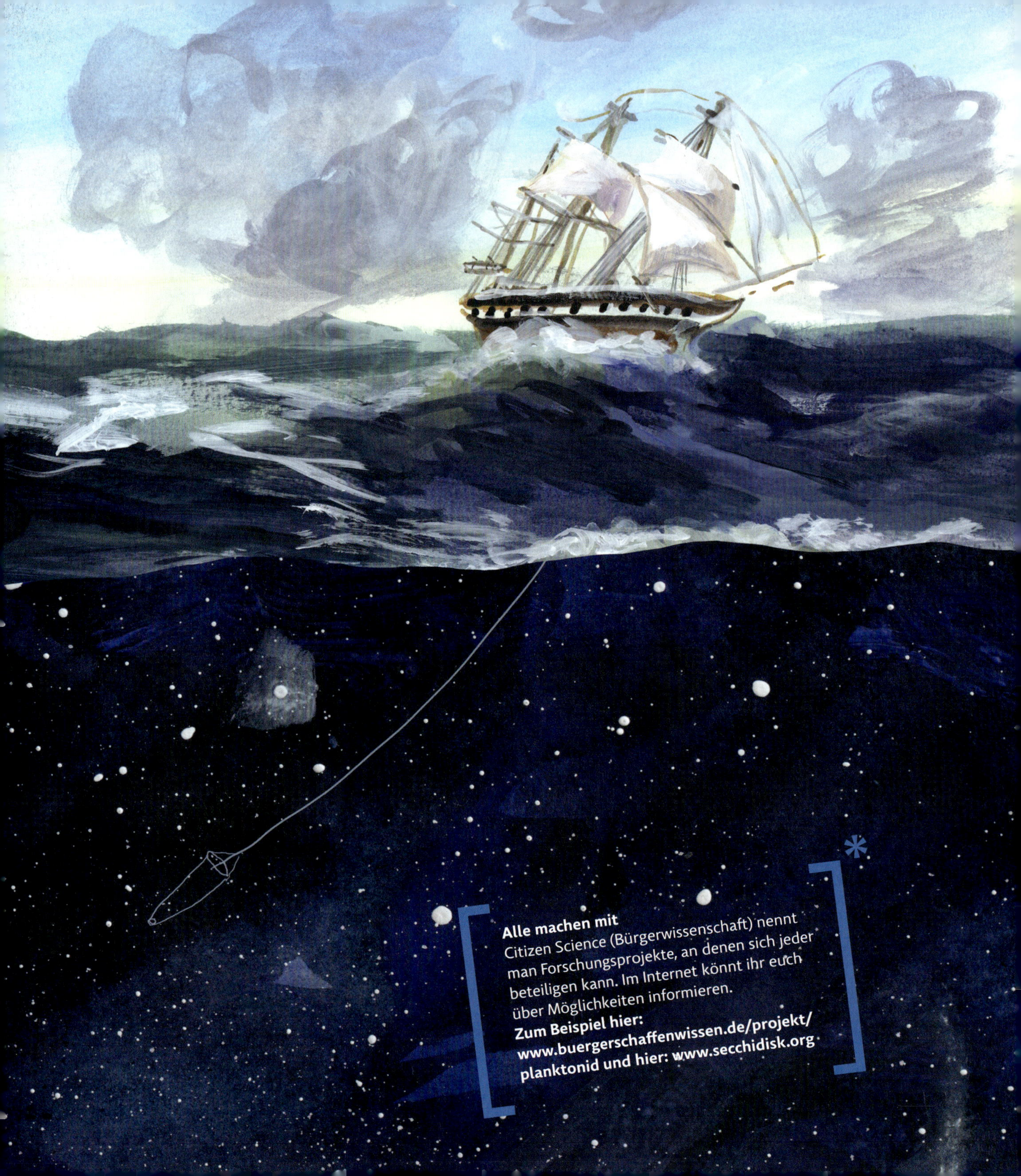

Alle machen mit
Citizen Science (Bürgerwissenschaft) nennt man Forschungsprojekte, an denen sich jeder beteiligen kann. Im Internet könnt ihr euch über Möglichkeiten informieren.
Zum Beispiel hier: www.buergerschaffenwissen.de/projekt/planktonid und hier: www.secchidisk.org

„EXQUISIT", SAGTE CHARLES

WER TREIBT PLANKTOLOGIE?

Der berühmte Naturforscher **Charles Darwin** hängte vor 200 Jahren (im Jahr 1832) ein selbstgemachtes Netz aus Fahnenstoff von seinem Schiff in den Atlantik. Was er fing und unter dem Mikroskop zu sehen bekam, begeisterte ihn. „Exquisit", schrieb er über die winzigen Kreaturen in sein Tagebuch.

„Auftrieb", sagte Johannes
Wenige Jahre später, 1846, begründete der Biologe **Johannes Müller** auf der Insel Helgoland die Wissenschaft der Planktonforschung (Planktologie). Er nannte die Wesen allerdings nicht Plankton, sondern „Auftrieb". Das hatte ihm einer der Brüder Grimm (ja genau, die von den Märchen) als Bezeichnung empfohlen.

„Plankton", sagte Victor
Erst 40 Jahre später, 1887, bekam das Plankton von dem Biologen **Victor Hensen** seinen heutigen Namen. Hensen war Müllers Schüler. Er leitete mehrere Expeditionen im Atlantik.

„Schön seid ihr", sagte Ernst
Ein weiterer Schüler von Müller, der Forscher **Ernst Haeckel**, wurde berühmt für seine wundervollen und detailreichen Plankton-Zeichnungen. Damals musste man seine Beobachtungen noch abmalen, statt sie fotografieren zu können. Haeckel beteiligte sich an der Auswertung der Proben, die das Forschungsschiff HMS Challenger von der ersten globalen See-Expedition mitbrachte. Das war im Jahr 1876. Er übernahm die Bestimmung der Strahlentierchen *(Radiolarien)* und entdeckte mehr als 3.500 neue Arten (einige davon seht ihr auf S. 50).

„Viel hilft viel", sagte Alister
Der Meeresbiologe **Alister Hardy** machte eine Erfindung, mit der die massenhafte Sammlung von Planktonproben begann. Das von ihm entwickelte Gerät, der **Continuous Plankton Recorder,** wird seit 1931 durch die Weltmeere gezogen und hat dabei eine Strecke von mehr als 326 Weltumrundungen zurückgelegt.

„Zeigt her eure Gene", sagte das Team der Tara
Die Tara Oceans Expeditionen nehmen Plankton auf eine andere Art unter die Lupe. Von 2009 bis 2012 durchquerten sie die Ozeane und sammelten Proben von Viren, Algen und Plankton. Sie entdeckten dadurch bisher unbekannte Gene (Erbgut). Die Tara ist weiterhin unterwegs. Ihr könnt im Internet schauen, wo sie sich gerade befindet.

„Wir müssen mehr wissen", sagen alle
Seit 2013 gibt es den ersten Weltatlas für Meeresplankton. Er heißt **MAREDAT**. Weltweit haben dafür Wissenschaftler:innen an 500.000 Messstellen Daten gesammelt. Um das Plankton wirklich zu verstehen, brauchen wir aber noch viel mehr Informationen, sagen sie.

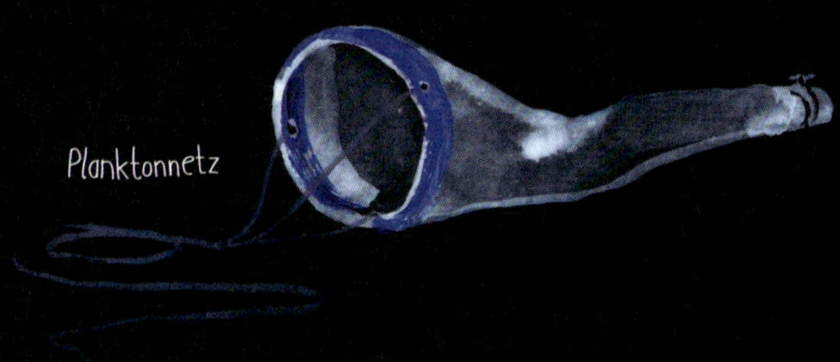

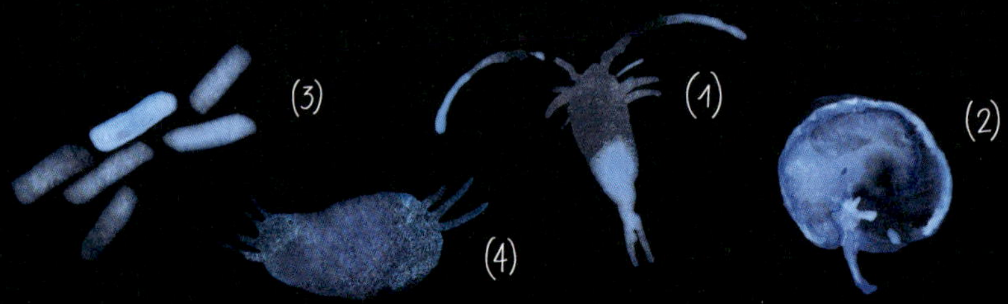

LICHT AN!

WARUM LEUCHTET PLANKTON?

Das „Meeresleuchten“ bestaunten schon die Seefahrer der Antike. Heute paddeln Urlauber mit Kajaks in der Karibik durchs Lichtermeer oder bringen in lauen Sommernächten das Wasser der Ostsee mit einem Kopfsprung zum Strahlen.

Aber was oder wer steckt hinter dem wundersamen Unterwasserlicht? Bestimmt könnt ihr die Antwort erraten – Plankton! Von Bakterien und winzigen Algen bis zu Ruderfußkrebsen und Quallen – im Plankton wird gefunzelt, geblitzt und geleuchtet, was das Zeug hält.
Die Lightshow dient den einen zur Verteidigung, andere locken damit ihre Beute an und manche schicken sogar leuchtende Liebesgrüße. Anders als die gelblichen Glühwürmchen an Land ist das Licht des Planktons hauptsächlich blau oder türkis, denn diese Töne sind unter Wasser am besten sichtbar.

Hier sind einige strahlende Beispiele:
Der Ruderfußkrebs *Metridia longa* (1) produziert bei Gefahr eine bläulich leuchtende Wolke. Damit verwirrt er seine Feinde. Während sie sich auf das Licht stürzen, kann der Krebs klammheimlich ins Dunkel flüchten.

Das Nachtlaternchen *Noctiluca scintillans* (2) ist ein Dinoflagellat, ein Einzeller, der zum Phytoplankton gehört. Er reagiert auf äußere Reize mit Lichtblitzen. So beleuchtet er die Störenfriede und verrät sie dadurch an deren Feinde. Wenn die Bedingungen gut sind, können sich die Nachtlaternchen stark vermehren – auf bis zu 100.000 Stück pro Liter Wasser. Ihr Funkeln lässt sich dann in den Wellen am Strand, beim Schwimmen an den Händen oder in der Bugwelle eines Bootes beobachten.

Das Bakterium *Vibrio harveyi* (3) bringt in hoher Konzentration das Meer zum Leuchten. Man nennt das milchig-weiße Schimmern „milky sea“ (Milchmeer). Es kann sich über eine so große Fläche ausdehnen, dass man es sogar vom Weltall aus sehen kann. Forschende vermuten, dass das Bakterium mit seinem Leuchten Fische anlockt, um von ihnen gefressen zu werden. Denn im Darm der Fische lebt es am liebsten.

Manche Arten der Muschelkrebse *Ostracoda* (4) locken mit Leuchtschleim ihre Weibchen an. Die Schleimtröpfchen bilden eine Kette aus leuchtenden Perlen. Je nachdem, ob die Kette gerade, im Zickzack oder spiralförmig ist, erkennen die Weibchen, ob der Schleim vom passenden Männchen stammt.

*

Lesen bei Planktonlicht!
Getrocknete Muschelkrebse der Gattung *Cypridina* wurden von japanischen Matrosen als Lichtquelle geschätzt. Beträufelt man sie mit Wasser, leuchten sie stark genug, um Seekarten zu lesen, aber zu schwach, um von feindlichen Schiffen aus gesehen zu werden.

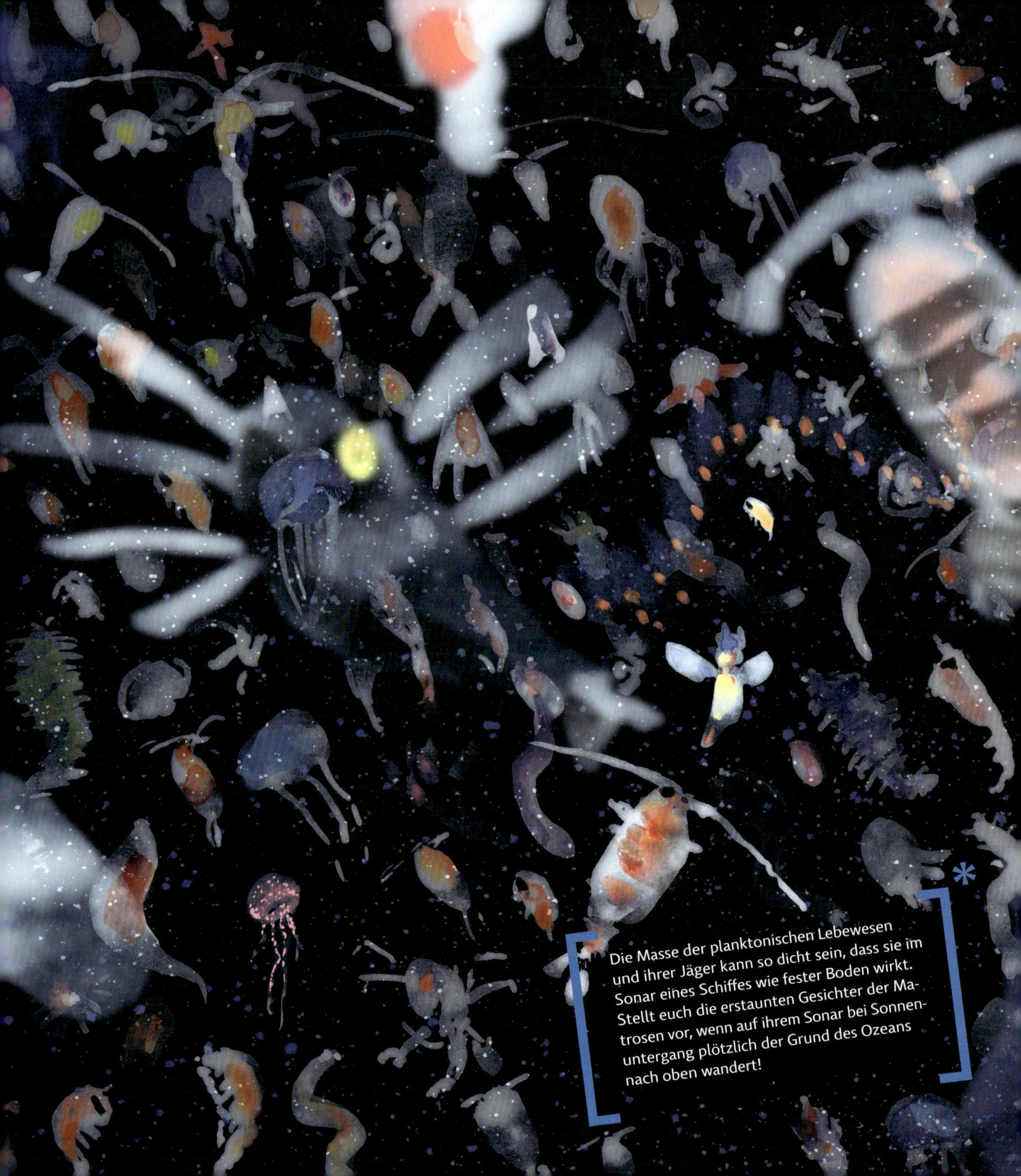

Die Masse der planktonischen Lebewesen und ihrer Jäger kann so dicht sein, dass sie im Sonar eines Schiffes wie fester Boden wirkt. Stellt euch die erstaunten Gesichter der Matrosen vor, wenn auf ihrem Sonar bei Sonnenuntergang plötzlich der Grund des Ozeans nach oben wandert!

UNTERWEGS MIT 800 MILLIONEN (TONNEN)

WAS IST DIE GRÖSSTE WANDERUNG AUF DER ERDE?

Mehr als eine Million Gnus streifen auf der Suche nach Gras durch die Serengeti in Afrika. 50 Milliarden Zugvögel machen sich jedes Jahr auf die Reise nach Süden. Die größte Wanderung aber legt das Zooplankton zusammen mit einigen seiner Fressfeinde hin. Diese Reisegruppe bringt es auf ein Gewicht von unfassbaren 800 Millionen Tonnen, bestehend aus Billionen von Lebewesen. Und sie wandern nicht nur zweimal im Jahr wie die Vögel, sondern zweimal täglich, bei Sonnenauf- und Sonnenuntergang. DVM (Diel vertical migration) nennt man dieses Phänomen.

Aber wie macht Plankton das, wo es doch so schlecht schwimmen kann?
Anders als die Gnus und Vögel wandert Plankton nicht horizontal, sondern vertikal. Es bewegt sich im Wasser also auf und ab. Dafür rudert und paddelt es nicht nur emsig, sondern nutzt auch geschickt seinen Auftrieb. (Auftrieb ist die Kraft, die wirkt, wenn etwas leichter ist als das Wasser drumherum.)
Rechnet man die Strecke, die die Winzlinge im Verhältnis zu ihrer Körperlänge zurücklegen, auf uns Menschen um, würde das einen Marathon zum Frühstück und einen zum Abendessen bedeuten.

Uff, für solch eine Strapaze muss es schon einen guten Grund geben. Und tatsächlich, dem Zooplankton geht es um nichts weniger als ums Überleben. Fressen oder gefressen werden, zwischen diesen beiden Möglichkeiten ist die tägliche Wanderung der beste Kompromiss.

Im Sonnenschein grasen
Ein großer Teil des Zooplanktons ernährt sich von Pflanzenplankton. Das Pflanzenplankton hält sich in der oberen, lichtdurchfluteten Schicht des Meeres auf, weil es die Sonnenenergie zum Wachsen braucht. Dorthin muss das Zooplankton, um sich satt zu fressen. Doch im Sonnenlicht wird das Zooplankton von seinen Feinden leicht gesehen. Es riskiert also, selbst verspeist zu werden. Eine vertrackte Situation.

Versteck im Dunkeln
Um sich zu schützen, verbringt das Zooplankton den Tag dort, wo es nie hell wird, in etwa 300 bis 500 Metern Tiefe. Nur nachts traut es sich im Schutz der Dunkelheit näher an die Wasseroberfläche, um zu fressen. Es muss also zweimal täglich mehrere 100 Meter zurücklegen.

PLANKTONFRESSER

HERINGE

Kaum ein Fisch kommt in so großer Zahl vor wie der Hering. Er durchstreift das offene Meer des Nordatlantiks in gigantischen Schwärmen aus Millionen von Tieren. Entsprechend riesig ist der Hunger dieser Schwärme, und zwar auf Plankton! Mithilfe von speziellen Kämmen im Rachen, die man Kiemenreusen nennt, filtert der Hering Ruderfußkrebse (S. 70), Flohkrebse (S. 69), Meereswürmer (S. 76) und Krill (S. 70) aus dem Wasser. Heringe selbst werden von Seevögeln, Delfinen, Thunfischen, Lachsen und natürlich von Menschen verspeist. Sie gelten als wichtiges Verbindungsglied in der Nahrungskette zwischen Plankton und Fisch.

Welt retten
Könnte man die Menge des Planktons um nur ein Prozent steigern, würden hunderte Millionen Tonnen Kohlendioxid mehr aufgenommen. Klar, dass viele Forscher:innen bei dieser Vorstellung Herzaugen bekommen!

KLIMA LIEBT PLANKTON

WIE BEEINFLUSST PLANKTON DAS KLIMA?

Ein wichtiger Klima-Influenzer ist der Kohlenstoff, und mit ihm hat Plankton so einiges am Laufen.

Plankton und der Kohlenstoffkreislauf
Kohlenstoff ist ein wichtiges Element, das in allem Lebendigen vorkommt. Ähnlich wie das Wasser der Erde bewegt sich auch der Kohlenstoff in einem Kreislauf. Physikalische und biologische Prozesse treiben ihn an. Wenn wir ihn aus dem Takt bringen, hat das Folgen – zum Beispiel zu viel Kohlenstoff in der Atmosphäre. Und das erwärmt das Klima. Plankton spielt im Kohlenstoffkreislauf eine bedeutende Rolle. Mal sehen, was das genau heißt:

CO_2-Fresser
Phytoplankton nimmt genau wie Landpflanzen Kohlenstoff in Form von Kohlendioxid (CO_2) aus der Luft auf. Das CO_2, das vorher zur Klimaerwärmung beigetragen hat, ist so erst mal weg aus der Atmosphäre. Zooplankton und andere Meerestiere fressen das Phytoplankton und mit ihm den Kohlenstoff. Der Kohlenstoff wandert entlang der Nahrungskette von einem Organismus zum nächsten. Wenn ein Lebewesen stirbt und nicht gefressen wird, sinkt der Kohlenstoff mit ihm zum Meeresboden und lagert sich dort ab.

Kacken fürs Klima
Auch der Kot der Tiere befördert jede Menge Kohlenstoff hinunter zum Boden des Ozeans. Krill zum Beispiel, der zum Zooplankton gehört, ist bekannt für seine besonders großen (jedenfalls im Verhältnis zu den kleinen Krebstieren) und schnell sinkenden Kackwürste. Unten am Meeresgrund ist der Kohlenstoff prima aufgehoben – und zwar für die nächste Ewigkeit. Man muss ihn nur dort lassen und nicht als Öl, Gas oder Gestein wieder hochholen.

Klimaheld in Zahlen
Das gesamte Pflanzenplankton bindet jährlich 37 Milliarden Tonnen Kohlendioxid (CO_2). Das ist viermal so viel wie der Amazonas-Regenwald. In den Ozeanen ist 50-mal mehr CO_2 gespeichert als in der gesamten Atmosphäre und etwa 20-mal mehr als in allen Böden und Pflanzen an Land.

Plankton macht Wolke
Kohlenstoff versenken ist nicht das einzige Klima-Talent des Planktons. Es kann noch mehr, nämlich Wolken machen! Pflanzenplankton produziert die Substanz *Dimethylsulfid* (DMS). Das ist der Stoff, der dem Meer seinen typischen Geruch nach frischer Seeluft verleiht. Außerdem dient er der Wolkenbildung. Forschende vermuten, dass Phytoplankton unter Stress, zum Beispiel durch zu viel Wärme, besonders viel DMS bildet. Dadurch entstehen dann auch besonders viele Wolken. Und die bringen angenehme Kühlung. Das ist doch wirklich sehr raffiniert vom Plankton!

WENN DAS MEER ROTSIEHT

IST PLANKTON SCHÄDLICH?

Eine Plankton- oder Algenblüte hat weder Knospen noch Blumen. Hübsch aussehen kann sie trotzdem – besonders vom Weltraum aus. Denn von hier kann man ihr ganzes Ausmaß bewundern.

Meeresblüte
Bei reichem Nährstoffangebot, viel Licht und passender Wassertemperatur können sich einzellige Algen und Bakterien, die zum Phytoplankton gehören, fast explosionsartig vermehren. Je nachdem um welche Art es sich handelt, färbt das Plankton dann den Ozean wie Wasserfarbe – türkis, grün, blau oder sogar rot. Dieses Schauspiel nennt man eine Blüte. Sie bedeutet, dass der Ozean an dieser Stelle gerade besonders produktiv ist. Viel Phytoplankton produziert viel Sauerstoff, bindet viel CO_2 und ernährt viele Meereslebewesen. Klingt erst mal gut. Allerdings kann eine Planktonblüte für das Leben im Meer auch gefährlich oder sogar tödlich sein.

Achtung: Rote Flut
Einige Einzeller produzieren Stoffe, die in hoher Konzentration giftig sind. Vor der Küste Floridas zum Beispiel kommt es regelmäßig zu den gefürchteten Roten Fluten. Sie lassen das Meer purpur anlaufen und bilden eine Wolke aus giftigem Gas. Für Fische, Delfine, Seekühe und sogar Wale kann diese tödlich sein. Wird die Gaswolke an die Küste getrieben, verursacht sie bei Menschen Reizungen und Atemnot. Meerestiere, die das Gift aufgenommen haben, sollte man auf keinen Fall essen. Der planktonische Übeltäter heißt übrigens *Karenia brevis* (1), misst nur 20 bis 40 Mikrometer und gehört zu den Dinoflagellaten (um sie geht es dann auf S. 48).

Atemlos unter dem Algenteppich
Von mehr als 10.000 bekannten Algenarten im Meer sind nur etwa 100 giftig. Probleme können allerdings auch die ungiftigen bereiten. Wenn riesige Mengen von Organismen nach einer Planktonblüte absterben, entziehen sie beim Verrotten dem Wasser den Sauerstoff. Ein gammelig stinkender Teppich entsteht, unter dem Fische und andere Meeresbewohner ersticken. „Todeszonen" nennt man diese Bereiche, in denen dem Meer die Luft ausgeht.

Alge mag Dünger
Dünger aus der Landwirtschaft ist besonders entlang der Küsten häufig der Auslöser für schädliche Planktonblüten. Regen spült ihn von den Feldern ins Meer, und dort bringt er das Phytoplankton rasant zum Wachsen. Hinzu kommt, dass der Klimawandel die Ozeane erwärmt, und auch das mögen die Algen.

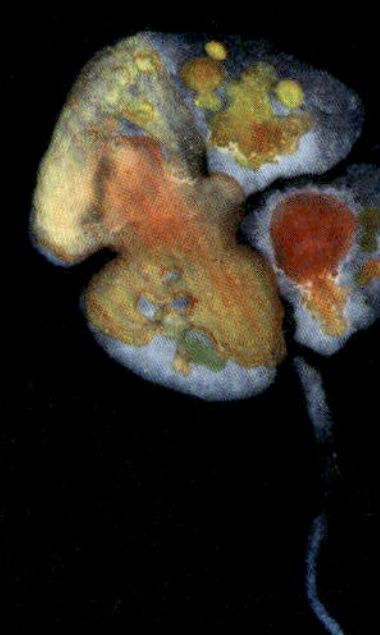

(1)

Schaumbad
Wenn Schaum den Strand ziert wie den Rand einer Badewanne, dann hat irgendwo weiter draußen eine Algenblüte stattgefunden. Ihre Bestandteile zersetzen sich und werden von Wind und Wellen zu Schaum geschlagen – wie Eiweiß zu Eischnee.

Gefährliche Fussel
Als Mikroplastik zählen Teilchen, die 5 mm groß oder kleiner sind. Jedes Jahr gelangen Millionen Tonnen davon ins Meer. Ein großer Teil stammt aus den Kunstfasern unserer Kleidung und gelangt über die Waschmaschine ins Abwasser. Kläranlagen sind gegen so kleine Teile machtlos.

ALLES SO SCHÖN BUNT HIER

SCHADEN WIR DEM PLANKTON?

Neue Nachbarn
Die Ozeanerwärmung führt dazu, dass viele Meeresbewohner in kältere Gegenden ausweichen. Zooplankton ist da keine Ausnahme. Daten des Continuous Plankton Recorder (CPR), von dem wir schon gehört haben, zeigen zum Beispiel, dass Ruderfußkrebse sich heute immer weiter nördlich ansiedeln.

Vor der eigentlich kühlen Küste Irlands wurden schon mehrfach große Mengen tropischer Quallen gesichtet (den Iren wären bunte Fische bestimmt lieber gewesen!). Durch diese Verschiebung der Lebensräume treffen Arten aufeinander, die sich nie zuvor begegnet sind. Das kann Löcher in die Nahrungsnetze reißen und große Kreisläufe, wie den des Kohlenstoffs, durcheinanderbringen.

Wenn das Meer sauer wird
Die Heimat des Planktons wird nicht nur wärmer, sondern auch saurer. Schuld daran ist der Überschuss an CO_2, den wir Menschen verursachen. Da das Meerwasser und die Atmosphäre im Austausch stehen, führt mehr CO_2 in der Luft auch zu mehr CO_2 im Ozean. In Wasser gelöst wird aus dem CO_2 Kohlensäure. Das ist die Säure, die auch unsere Limonade zum Sprudeln bringt. Leider ist sie im Meer nicht lecker, sondern schädlich. Sie greift den Kalk an, aus dem viele planktonische Lebewesen ihre Schalen und Skelette bilden.

Der Vergleich zwischen heutigen Planktonproben und jenen, die 1876 auf der Challenger-Expedition (S. 25) gesammelt wurden, zeigt die Veränderung: In den neuen Proben haben zum Beispiel Kalkflagellaten (S. 44) eine viel dünnere Schale als diejenigen vor 150 Jahren. Auch planktonische Flügelschnecken (S. 75) müssen um ihre Gehäuse fürchten.

Plastikplankton
Plankton hat in den letzten Jahrzehnten viel ungebetene Gesellschaft bekommen. Die neuen Winzlinge sind so groß wie Plankton, sehen aus wie Plankton, treiben sich rum wie Plankton und womöglich schmecken sie auch so. Jedenfalls landen sie immer öfter versehentlich in den Mägen von Fischen, Muscheln und Seevögeln. Das neue Plankton stammt aus unseren Müllsäcken, Klamotten und Kosmetik und besteht aus winzigen Plastikteilchen, sogenanntem Mikroplastik. Forscher:innen gehen davon aus, dass in manchen Regionen der Weltmeere davon schon mehr umhertreibt als echtes Plankton! Einmal in der Nahrungskette angekommen, gelangen die kleinen Plastikteilchen auch auf unsere Teller. Guten Appetit!

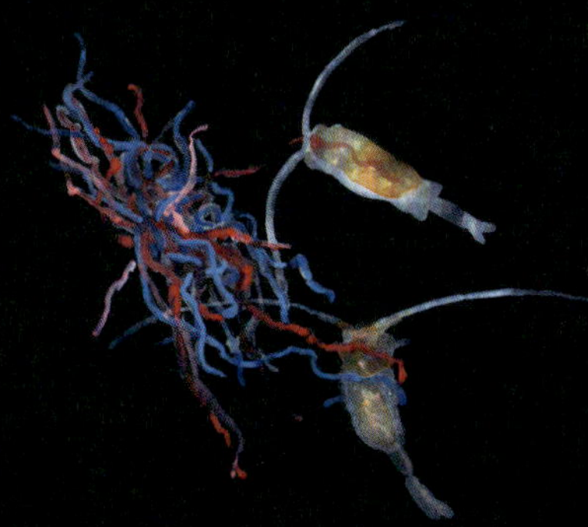

OZEANWÄLDER

PHYTOPLANKTON

**Klitzekleine Algen und Bakterien sind die mächtigsten Pflanzen des Ozeans. Sie bestehen aus nur einer Zelle und haben weder Wurzeln noch Blätter.
Sie produzieren die Hälfte des Sauerstoffs der Erde, füttern mit ihrer Energie alle anderen Meerestiere und sehen noch dazu wunderschön aus (wenn man ganz genau hinsieht).**

In diesem Kapitel betrachten wir die wichtigsten Planktonpflanzen:

Blaualgen
Kieselalgen
Kalkflagellaten
Dinoflagellaten
Kammerlinge und
Strahlentierchen

PFUI, BAKTERIEN?

CYANOBAKTERIEN, ODER AUCH: BLAUALGEN

Cyanobakterien waren es, die als erste Organismen Sauerstoff in großen Mengen produzierten. Und das schon vor 2,3 Milliarden Jahren. Seitdem atmen Lebewesen diese tolle Erfindung ein. So auch wir. Danke, liebe Cyanobakterien!

Man kennt von ihnen bisher etwa 1.500 Arten, die sich an jede Nische unseres Planeten angepasst haben. Es gibt sie im Süß- und Salzwasser, im Boden, im Eis und sogar in heißen Quellen.

Rekordhalter
Das kleinste Cyanobakterium misst nur 0,5 Mikrometer und heißt (Achtung, Zungenbrecher) *Prochlorococcus marinus* (1).

Apropos brechen – es bricht gleich mehrere Rekorde: 1. kleinster Organismus, der Photosynthese betreibt; 2. weiteste Verbreitung in allen Weltmeeren; 3. größte Anzahl an Individuen auf der Erde

Sind Blaualgen blau?
Obwohl die Cyanobakterien eben auch Blaualgen genannt werden, gehören sie weder zu den Algen (sondern zu den Bakterien) noch sind sie immer blau. Je nach Art können sie auch grün, rot, gelb oder braun sein.

Bakterien im Gummibärchen?
Das Cyanobakterium *Arthrospira* (2), auch bekannt als *Spirulina*, lebt als Plankton in salzhaltigen Seen. Es sieht zwar aus wie eine kleine grüne Spirale, enthält aber auch den Farbstoff Spirulina-Blau. Als einziger natürlicher Blauton ist er für Lebensmittel geeignet und steckt zum Beispiel in blauen Gummibärchen.
Wer möchte, kann Spirulina auch als Pulver oder Tabletten essen. Es gilt als Superfood. Blau wird man davon allerdings nicht.

Viele Cyanobakterien leben in Gruppen zusammen. Sie bilden Bakterien-Fäden oder Bakterien-Rasen. Die Gattung *Trichodesmium* (3) zum Beispiel bildet goldgelbe Fäden, die kleine Büschel formen. Sie werden auch Meer-Sägemehl genannt.

Schwimmen verboten
Sammeln sich sehr große Mengen von Cyanobakterien an, sind sie mit bloßem Auge sichtbar. Als lange Zöpfe oder schleimige Schicht können sie uns den Badespaß vermiesen und sogar gefährlich werden. Am Strand oder am See ist euch vielleicht schon mal ein Schild begegnet, das vor Blaualgen warnt. In diesem Fall muss man sich das Schwimmen leider verkneifen, und auch Hunde dürfen das Wasser nicht trinken. Denn in hoher Konzentration sind einige Cyanobakterien giftig.

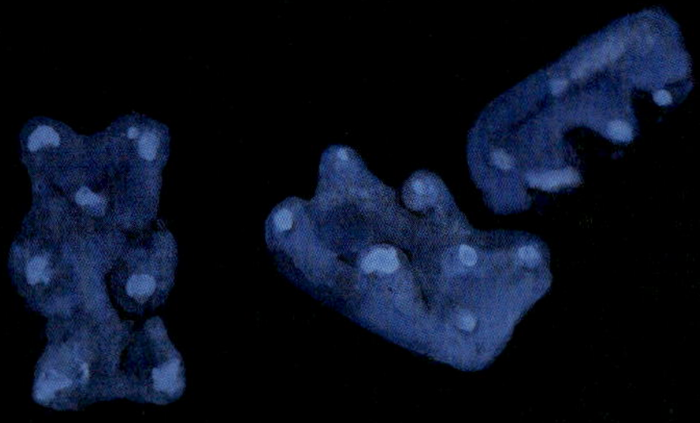

Flamingos mögen Spirulina!
Sie filtern die Bakterien in großen Mengen aus den afrikanischen Salzseen und werden davon – pink! Dafür ist ein rötliches Pigment verantwortlich. Auch das kommt in dieser Blaualge vor.

(2)
(1)
(3)

LEBEN IN EINER GLASSCHACHTEL

KIESELALGEN

Kieselalgen sind die häufigsten Algen im Meer. Sie allein produzieren ein Viertel des Sauerstoffs der Erde. Man kennt heute etwa 6.000 verschiedene Arten, von denen die meisten als einzelne Zelle leben. Nur wenige schließen sich zu Gruppen zusammen und bilden Ketten oder Fäden. Auf dem Bild seht ihr verschiedene Arten, zum Beispiel *Odontella sinensis* (1). Sie misst bis zu 0,44 Millimeter. *Lauderia annulata* (2) hat eine Länge von 0,2 Millimeter. *Coscinodiscus stellaris* (3) misst 0,08 Millimeter im Durchmesser.

Den Namen haben die Kieselalgen ihrem Panzer zu verdanken. Er besteht, ähnlich wie Glas, aus Kieselsäure *(Siliziumdioxid)*. Wie eine kleine Schachtel hat er zwei Hälften, von denen eine etwas größer ist, sodass Schachteldeckel und -boden perfekt ineinanderpassen. Die leichte, aber stabile gläserne Hülle dient dem Schutz vor Fressfeinden (wer möchte schon in Glas beißen?).

Panzer und Panzerechse
Die ersten Kieselalgen entstanden etwa zeitgleich mit den Dinosauriern vor ungefähr 200 Millionen Jahren. Im Unterschied zu den riesigen Panzerechsen haben die Kieselalgen in ihren Glasschachteln bis heute überlebt. Besonders wohl fühlen sich Kieselalgen im kalten Wasser der Polarmeere. Dort vermehren sie sich bei ausreichend Licht und Nährstoffen prächtig und werden zum Beispiel von Ruderfußkrebsen und Krill in großen Mengen verschlungen.

Kunst
Berühmt geworden sind Kieselalgen auch wegen der schönen Strukturen und Formen ihrer Panzer. Ernst Haeckel, von dem wir schon auf S. 25 gelesen haben, hielt auch sie in seinen Zeichnungen fest und inspirierte damit die Künstler des Jugendstils. Heute dienen Kieselalgen den Bioniker:innen bei der Suche nach technischen Innovationen. Sie standen schon Modell für Autofelgen, Schiffspropeller und als Ideengeber in der Architektur.

Katzenklo
Die Panzer von toten Kieselalgen lagerten sich über Jahrmillionen am Meeresboden ab. Sie werden als Diatomit (auch Kieselgur) zutage gefördert. Es wird zum Polieren, Binden und Filtern eingesetzt und findet zum Beispiel in Zahnpasta, Dynamit, Schwimmbeckenfiltern und als Streu im Katzenklo Verwendung.

Tolle Mundwerkzeuge … müssen die Fressfeinde der Kieselalgen haben, um sich unbeschadet durch ihre Glashülle beißen zu können. Auch da schaut die Forschung ganz genau hin – vielleicht können wir von Krill und Ruderfußkrebsen noch mehr lernen.

RÜSTUNG AUS VASEN UND TELLERN

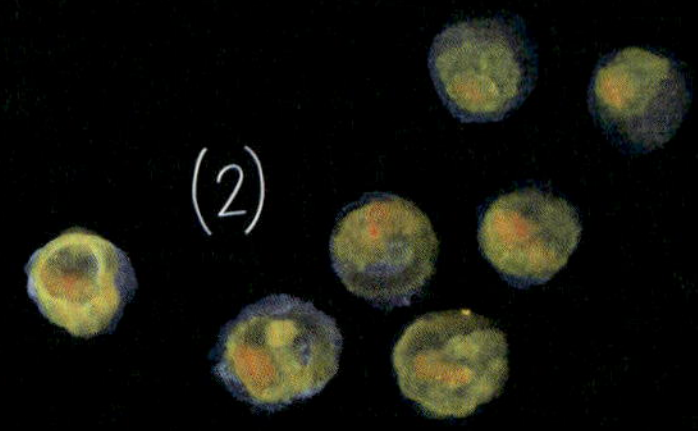

KALKFLAGELLATEN

Wichtige Algen im Phytoplankton sind auch die Kalkflagellaten. Sie bauen ihre Hülle nicht wie Kieselalgen aus Glas, sondern aus Kalkplättchen, den *Coccolithen*. Mithilfe eines Rasterelektronenmikroskops kann man die wundersamen Rüstungen genau betrachten. Sie wirken, als hätten sich die Algen dafür in einem Porzellanladen bedient und sie aus Vasen, Tellern und verzierten Servierplatten zusammengesetzt.

Trotz ihrer nicht sehr dynamischen Form können sich Kalkflagellaten fortbewegen. Sie nutzen zwei kleine Geißeln (sie ähneln Peitschen) zum Antrieb. Man nennt diese Peitschen auch Flagellen. Heute kennt man etwa 200 Arten von Kalkflagellaten. Die meisten leben im Meer.

Kreideweiß
Über Millionen von Jahren bildeten sich aus Kalkflagellaten, die zum Meeresboden sanken, strahlend weiße Kreidefelsen. Man kann sie zum Beispiel auf Rügen sehen oder an der englischen Küste bei Dover. Auch das Erdzeitalter, das wir Kreidezeit nennen, ist nach ihren fossilen Überresten benannt. Heute stecken die Kalkflagellaten von damals als Kreidegestein im Zement und Beton unserer Bauwerke.

In einem 1 Zentimeter langen Stückchen Kreide sind etwa 800 Millionen Coccolithen enthalten. Früher wurden unsere Schultafeln also mit verdammt vielen versteinerten Algen beschmiert. Aber keine Sorge – heute besteht Tafelkreide aus Gips.

Darf ich vorstellen: Emiliania huxleyi
Sie könnte ein nettes Mädchen aus der Nachbarklasse sein oder – eine Alge!
Erst in tausendfacher Vergrößerung kann man die 5 bis 10 Mikrometer kleine *Emiliania huxleyi* überhaupt sehen. Unter dem Rasterelektronenmikroskop erinnert sie an einen Fußball (1) und im Lichtmikroskop an grüngelbe Popel (2). Wenn sie aber blüht, lässt sie sich sogar aus dem Weltraum eindeutig an ihrer milchigen Farbe erkennen. Das macht sie zum Liebling der Forschung, und ihre Verbreitung ist bestens untersucht.

*

Virus attackiert Alge
Auch Algen sind vor Viren nicht sicher. Die *Emiliania huxleyi* wird regelmäßig von einem Virus befallen, das blitzschnell ihre Blüte beendet. Die abgestorbenen Algen sinken mit ihrer Kalkrüstung zum Meeresboden und nehmen eine Menge Kohlenstoff mit in die Tiefe. Das CO_2 geplagte Klima kann aufatmen. Scheint nützlich, dieses Virus.

(1)

AARON F. STRAIGHT

„PIONIERE DES LEBENS"

Mein Name ist Aaron Straight. Ich bin Professor für Biochemie und arbeite im Bereich Zellbiologie, Biochemie und Genetik an der Stanford University in Palo Alto, Kalifornien.

Ich bin Wissenschaftler geworden, weil ich es liebe, neue Dinge zu entdecken. Ich habe mich schon als Kind für Naturwissenschaften interessiert, aber erst am College wurde mir bewusst, dass ich jedes Thema, das mich interessiert, untersuchen kann. Mich fasziniert, wie die winzigen Moleküle, aus denen das Leben besteht, zu der erstaunlichen Vielfalt und Schönheit von Organismen führen, die unseren Planeten bevölkern. Immer, wenn ich durch ein Mikroskop blicke und auf ein besonderes Merkmal einer Zelle oder eines Organismus stoße, kann ich es kaum erwarten, weiterzusuchen.

In meinem Forschungsbereich untersuche ich die Art und Weise, wie verschiedene Organismen ihre genetische Information strukturieren und organisieren, um den Betrieb ihrer Zellen zu ermöglichen. Meine Untersuchungen umfassen Meeresalgen, die zum Phytoplankton gehören, ebenso wie Fliegen, Frösche, Menschen, Hefe und andere faszinierende Wesen. Durch diese Untersuchungen erhoffe ich mir, Einblick darin zu gewinnen, wie Zellen wachsen, sich teilen und ihre einzigartigen Funktionen kodieren.

Mein Ziel ist es herauszufinden, wie unterschiedliche Organismen ihre Erbinformation nutzen, organisieren und anpassen, um die immense Vielfalt in der Natur zu erzeugen. Besonders fasziniert bin ich von den vielfältigen Mechanismen, mit denen Zellen ihre Erbinformation verpacken und gleichzeitig aktiv halten. Der Hauptfokus meiner Arbeit liegt darauf zu verstehen, wie das Verhalten der Erbinformation das Wachstum, die Teilung und die Funktion von Zellen steuert.

Plankton hilft mir bei meiner Forschung, weil es einer der größten Wegbereiter der Welt ist, wenn es um die Organisation von Erbinformation geht. Mitglieder der Plankton-Gemeinschaft haben ihre Erbinformation so erweitert, dass sie zu den größten auf dem Planeten gehören und dennoch in einer einzigen freilebenden Zelle enthalten sind. Wie sie diese Aufgabe bewältigen, ist für mich eine fesselnde Forschungsfrage, die mir helfen wird, die allgemeinen Prinzipien der Erbinformationskontrolle zu verstehen.

Plankton ist cool, weil es die Energie, die unseren Planeten am Leben erhält, erntet und erzeugt! Zum Plankton gehören die vielfältigsten Organismen auf unserem Planeten, und doch haben wir erst an der Oberfläche unseres Verständnisses dieser bemerkenswerten Wesen gekratzt.

[**Mein Tipp für euch:**
Schaut durch ein Mikroskop auf etwas, das ihr in der Natur gesammelt habt. Die Vielfalt, die wir mit unseren eigenen Augen nicht sehen können, ist atemberaubend. Ladet eure Freunde ein mitzumachen. Gemeinsam macht Wissenschaft und Erforschen mehr Spaß!]*

NACH LICHT GREIFEN

DINOFLAGELLATEN

Aha, noch mehr Flagellaten! Genau wie die Kalkflagellaten können sich die Dinoflagellaten mithilfe ihrer beiden Geißeln fortbewegen. Eine ist dabei für den Vorwärtsgang zuständig und die andere zur Steuerung.
Die Dinoflagellaten sind nach den Kieselalgen die zweitwichtigste Gruppe im Phytoplankton. Es gibt über 1.000 Arten, von denen die meisten im Meer leben. In warmen tropischen Regionen ist ihre Vielfalt am größten, aber auch rund um die Pole sind sie zu Hause.

Glitzer, Gift und Finger
So manche Plankton-Berühmtheit zählt zu den Dinoflagellaten. Eine Urlaubsattraktion sind die etwa 0,5 Millimeter kleinen Nachtlaternchen *Noctiluca scintillans* (1), von deren Leuchten und Glitzern wir schon gelesen haben (S. 26).
Die Berühmtheit der *Karenia brevis* (2) ist weniger angenehm. Sie ist für die giftige Rote Flut verantwortlich, die regelmäßig den Ozean vor der Küste Floridas verfärbt (S. 34). Auch sie ist winzig und misst höchstens 0,04 Millimeter.
Der Dinoflagellat *Ceratium ranipes* (3) besitzt eine besondere Superkraft. Ihm wachsen tagsüber Finger. Sie helfen dem Plankter, extra viel Licht einzufangen. Nachts bei Dunkelheit verschwinden die Finger wieder. Wer träumt nicht manchmal von ein paar Extrahänden!

Einsaugen, Aussaugen, Überstülpen
Einige Dinoflagellaten haben besondere Essgewohnheiten, die so gar nicht zu einer Pflanze passen. Statt wie im Phytoplankton üblich Photosynthese zu betreiben, lassen sie sich auch andere Organismen schmecken. Interessant, wie ein einzelliges Wesen überhaupt fressen kann, so ganz ohne Mund und Zähne. Je nach Art des Dinoflagellaten sind die Tischmanieren unterschiedlich:
1. Einsaugen: Die ganze Beutezelle wird aufgenommen.
2. Aussaugen: Der Dinoflagellat pikst ein Loch in die andere Zelle und saugt sie aus.
3. Überstülpen: Der Dinoflagellat umhüllt seine Beute mit einer Schicht und verdaut sie außerhalb seiner eigenen Zelle.

Anemone schluckt Alge und spuckt sie nicht aus!
Für einige Dinoflagellaten ist nicht nur das Fressen überlebenswichtig, sondern auch das Gefressenwerden. Sie lassen sich zum Beispiel von der Aiptasia-Seeanemone *Exaiptasia diaphan* (4) verschlucken – deren Larve wir auf S. 22 kennengelernt haben – und richten sich in ihr häuslich ein. Auf zwei Dinge müssen sie dabei achten: erstens nicht verdaut und zweitens nicht ausgespuckt zu werden. Schaffen sie das, profitieren beide, die Anemone und der Dinoflagellat, indem sie wichtige Nährstoffe austauschen. Symbiose nennt man das. Der säulenartige Körper der Aiptasia wird bis zu 2,5 Zentimeter hoch.

Schnorrer
Das Gegenteil von Symbiose ist Parasitismus. Parasiten nehmen dem Organismus, mit dem sie leben, etwas weg und geben dafür nichts zurück. Nur einer von beiden hat einen Vorteil. Auch das kommt im Plankton vor.

Strahlen wie Schnurrhaare
Sowohl Strahlentierchen als auch Kammerlinge sehen Sternen ähnlich. Ihre feinen Strahlen heißen auch Scheinfüßchen. Mit ihnen können sie ihre Umwelt ertasten, sich fortbewegen und Nahrung aufsammeln.

ZWISCHEN DEN WELTEN

KAMMERLINGE UND STRAHLENTIERCHEN

Pflanze oder Tier – oder beides?
Wir Menschen mögen es ja gerne ordentlich und übersichtlich. Die wuselige Menge an Plankton haben wir deshalb ganz praktisch in Pflanzen und Tiere unterteilt – Phytoplankton und Zooplankton. Was wer ist, richtet sich danach, was er frisst. Die Pflanzen leben von der Photosynthese (also von Licht, Kohlendioxid und Wasser), und die Tiere fressen entweder Pflanzen oder andere Tiere.
So weit, so einfach! Bloß halten sich nicht alle an diese schöne Einteilung.
Besonders unter den ganz kleinen Lebewesen, die nur aus einer Zelle bestehen, gibt es jede Menge Regelbrecher. Einige Tiere im Zooplankton betreiben auch Photosynthese, und manche Mikroalgen des Phytoplanktons essen wiederum andere Organismen. Und schon ist Schluss mit der schönen Ordnung!

Pflanzentier und Tierpflanze
Schauen wir uns einige der Querschläger mal genauer an: Schon im letzten Kapitel haben wir von den Dinoflagellaten gesprochen. Etwa die Hälfte von ihnen lebt von Photosynthese, aber die meisten verputzen nebenbei noch andere Lebewesen – etwa so wie eine fleischfressende Pflanze nur in ganz klein.

Einige Dinoflagellaten wandern in andere Einzeller hinein und leben dort weiter. Sie geben der Zelle, die sie dann bewohnen, Lichtenergie und bekommen im Gegenzug andere Nährstoffe.

Eine solche Symbiose gehen Dinoflagellaten zum Beispiel mit einigen Kammerlingen *(Foraminiferen)* ein. Wie der Name schon sagt, ist die Zelle eines Kammerlings in mehrere Kammern unterteilt. Im Plankton der Meere leben Kammerlinge der Familie *Globigerinida*. Gegenüber seht ihr ihr Skelett (1) und auch, wie sie unter dem Lichtmikroskop aussieht (2). Kammerlinge gehören eigentlich zum Zooplankton. Mithilfe der Dinoflagellaten können sie aber auch die Energie des Lichtes nutzen. So steckt also eine einzellige Pflanze in einem einzelligen Tier. Gemeinsam sind sie wohl so etwas wie eine Tierpflanze.

Besondere Schönheiten an der Grenze zwischen Pflanze und Tier sind auch die Strahlentierchen *(Radiolarien)* (3). Sie wurden vor 150 Jahren durch Ernst Haeckel berühmt. Er erforschte sie in den Proben der Challenger-Tiefsee-Expedition (1872–1876) und hielt die Vielfalt ihrer Formen in seinen berühmten Zeichnungen fest. Viele Arten, zum Beispiel aus der Familie der *Acantharia* (4), gehen Symbiosen mit Mikroalgen ein. Auch sie sind also halb Pflanze und halb Tier.

Mein Name ist Annika Guse. Ich bin Zellbiologin und Professorin an der Ludwig-Maximilians-Universität in München.

Ich bin Wissenschaftlerin geworden, weil ich es als Kind geliebt habe, im Urlaub im Mittelmeer zu schnorcheln. Das Leben unter Wasser zu beobachten war wie das Eintauchen in eine neue Welt. Fremd, aber irgendwie auch vertraut. Die Lust, Neues zu entdecken und das Leben zu erforschen, ist mir bis heute geblieben. Als Biologin untersuche ich, wie die Zelle, die kleinste Einheit des Lebens, funktioniert. Mithilfe der Mikroskopie tauche ich in die Welt der Zellen ein, wo Moleküle und andere winzige Bausteine dafür sorgen, dass die Zellen wachsen, sich vermehren und miteinander kommunizieren.

In meinem Forschungsbereich untersuche ich die Partnerschaft zwischen Korallen und Dinoflagellaten. Wenn sie miteinander arbeiten, teilt der Dinoflagellat seine durch Photosynthese erzeugten Nährstoffe mit der Koralle. Dadurch können Korallen ganze Riffe in Regionen mit wenigen Nährstoffen aufbauen, die dann wiederum Lebensraum und Nahrungsquelle für viele andere Organismen sind.

Mein Ziel ist es herauszufinden, wie Korallen und Dinoflagellaten zueinanderfinden, miteinander kommunizieren und Nährstoffe austauschen. Dies ist wichtig, um zu verstehen, wie sich die Beziehung zwischen Korallen und Dinoflagellaten in der Vergangenheit entwickelt hat und wie gut sich Korallenriffe in Zukunft an Umweltveränderungen anpassen können. Diese Forschung ist von großer Bedeutung, da Korallenriffe durch den Klimawandel stark gefährdet sind. Die steigenden Temperaturen stören die Partnerschaft mit den Dinoflagellaten und führen zur sogenannten Korallenbleiche, die letztendlich zum Absterben der Korallen führt.

Plankton hilft mir bei meiner Forschung, weil wir im Labor verschiedene Arten von Dinoflagellaten halten, die zum Phytoplankton gehören, und sie für Experimente verwenden. Zum Beispiel mischen wir Korallenlarven mit Dinoflagellaten und beobachten dann unter dem Mikroskop, was passiert.

Plankton ist cool, weil es unter dem Mikroskop aussieht, als käme es von einem anderen Planeten, und obwohl es so klein ist, hat es Superkräfte, wie zum Beispiel die Ernährung von Korallen und die Versorgung von uns Menschen mit lebenswichtigem Sauerstoff. Außerdem bin ich mir sicher, dass es noch viele andere Dinge tun kann, die wir erst noch erforschen müssen.

Mein Tipp für euch:
Schlagt in eurer Schule vor, im nächsten Teich Plankton zu sammeln und euren Fang unter dem Mikroskop zu betrachten.

ANNIKA GUSE

„ES HAT SUPERKRÄFTE!"

PLANKTONFRESSER

KORALLEN

Korallen filtern kleines Zoo- und Phytoplankton aus dem Meer. Doch ihre Liebe zum Plankton geht nicht nur durch den Magen. Mit einigen Dinoflagellaten setzen sie im Gegenteil auf eine Langzeitbeziehung. Sie nehmen sie in sich auf und formen eine Lebensgemeinschaft. Die Algen versorgen durch Photosynthese die Korallen mit bis zu 90 Prozent der von ihnen benötigten Energie. Im Gegenzug erhalten die Algen Schutz und wichtige Nährstoffe, die sie selbst nicht produzieren können. Steigt allerdings die Meerestemperatur, gerät die Algen-Korallen-Beziehung in Gefahr. Die empfindlichen Korallen stoßen die Algen ab, bleichen aus und sterben.

SUPERHELDEN

ZOOPLANKTON

Sich von der Strömung mitnehmen lassen, schwerelos sein, fressen, was einem vor die Nase kommt – klingt beneidenswert? Willkommen in der wunderbaren Welt der Herumtreiber!

In diesem Kapitel lernen wir die Tiere des Zooplanktons kennen und mit ihnen all ihre Talente. Denn sie können viel mehr, als sich einfach nur treiben zu lassen:

Wie sehen sie aus?
Wo leben sie?
Was sind ihre Superkräfte?
Wer verbringt seine Kindheit als Plankton?
Wer treibt sein Leben lang?

GLIBBERALARM!

QUALLEN

Nach den ganzen unsichtbaren Mini-Algen endlich etwas Handfestes – hurra, Quallen! Wer hat sich nicht schon von ihnen den Badespaß verderben lassen oder ihre magische Schönheit im Zoo-Aquarium bewundert?

Herzlos

Seit mehr als 500 Millionen Jahren treiben Quallen im Ozean umher und zählen damit zu den ältesten Tieren auf unserem Planeten. Sie sind ein echtes Erfolgsmodell und heute in fast allen Weltmeeren vertreten. Und das ganz ohne Hirn, Herz, Knochen und auch ohne Blut! Größtenteils bestehen sie aus Wasser, nämlich zu fast 98 Prozent. Die Größe ihrer Schirme reicht von wenigen Millimetern bis zu einem Durchmesser von 2 Metern bei der Gelben Haarqualle (1) – ein wahrhaft riesiger Geleeklumpen!

Rückstoß

Quallen bewegen sich eher gemächlich vorwärts. Für ihren Antrieb blähen sie ihren Schirm auf und saugen dadurch Wasser ein. Dann ziehen sie ihn ruckartig zusammen und stoßen das Wasser wieder aus. Dieser Rückstoß schiebt sie nach vorn. Allerdings bringen sie es damit auf kaum mehr als 10 Stundenkilometer Höchstgeschwindigkeit. Das ist gerade mal so schnell, wie ein Käfer krabbeln kann. Um gegen die Meeresströmung anzuschwimmen, reicht das nicht aus. Damit zählen Quallen zum Plankton.

Schirm oder Würfel?

Quallen gehören zu den Nesseltieren. An ihren Tentakel sitzen Nesselzellen, die dazu dienen, ihre Beute kampfunfähig zu machen. Man unterscheidet die harmlosen Schirmquallen, zum Beispiel die Ohrenquallen (2) und Kompassquallen (3), von den gefährlichen Würfelquallen. Auch das giftigste Tier der Welt, nämlich die Australische Seewespe (4), gehört zu den Würfelquallen. Das Gift einer einzigen Seewespe würde reichen, um 250 Menschen zu töten. Würfelquallen erbeuten ausgewachsene Fische, während Schirmquallen sich von Plankton ernähren. Quallen selbst stehen beispielsweise auf dem Speiseplan von Mondfischen und Meeresschildkröten.

Ewiges Leben

Zu den Superkräften der Quallen zählt, dass sie sich selbst reparieren können. Kaputter Schirm, verlorene Tentakel – kein Problem! Am weitesten treibt es die Art *Turritopsis dohrnii* (5). Sie heißt auch die „unsterbliche Qualle". Mit ihren nur 2 bis 4 Millimetern Größe kann sie nicht nur Körperteile nachwachsen lassen, sondern sich komplett selbst verjüngen. Sie beginnt ihr Leben einfach immer wieder von vorne. Ein Geheimnis, dem die Wissenschaft gerne auf den Grund gehen würde!

*

[„Qualle" ist die Bezeichnung für eines der Lebensstadien der Nesseltiere. Ein anderes Stadium heißt Polyp. Polypen haften am Meeresgrund. Aus ihnen entwickeln sich Quallen, die von dort ihr Leben als Plankton im offenen Meer starten.]

(3)
(1)
(4)
(5)
(2)

Hularöckchen
Nicht alle Staatsquallen segeln an der Meeresoberfläche. Die Blasenqualle *Physophora hydrostatica* (3) zum Beispiel lebt gerne in großer Tiefe. Sie wird nur selten von der Strömung an die Oberfläche getrieben. Achtung, unter ihrem hübschen Röckchen stecken Tentakel mit Nesselzellen.

(4)

EIN TIER WIE EIN GANZER STAAT

STAATSQUALLEN

Ein Tier oder viele Tiere?
So genau kann man das bei Staatsquallen nicht sagen. In ihrem Körper arbeiten ganze Kolonien aus einzelnen Geschöpfen als Einheit zusammen. Sie bilden spezialisierte Gruppen mit unterschiedlichen Aufgaben – manche sind für das Fressen zuständig, andere für die Verdauung oder die Fortpflanzung. Ein verrücktes Konzept, etwa so, als ob deine Leber und dein Magen gerne unabhängige Kreaturen wären.

Das längste Tier der Welt?
Die Portugiesische Galeere *Physalia physalis* (1) könnte diesen Rekord für sich beanspruchen, wenn man Staatsquallen als EIN Lebewesen zählte. Ihre Tentakel messen bis zu 50 Meter und sind damit deutlich länger als ein Blauwal. Sie kommt in warmen Meeresregionen vor, unter anderem vor der Küste Portugals, daher ihr Name. Mit ihrem aufblasbaren bläulichen Segel lässt sie sich vom Wind über die Wellen treiben. Bei Gefahr kann sie blitzschnell die Luft herauslassen und in sichere Tiefen absinken. Ihre langen Tentakel sind mit giftigen Nesselzellen besetzt und können auch Menschen fiese Verbrennungen zufügen.

Märchenhafter Feind
Ein besonders hübscher und raffinierter Fressfeind der Portugiesischen Galeere ist der Blaue Drache *Glaucus atlanticus* (4). Er ist nicht nur unempfindlich gegen ihr Gift, sondern verwertet ihre Nesselzellen sogar weiter, um sich selbst mit ihnen zu schützen.

Segelqualle, ahoi!
Die freundliche Cousine der Portugiesischen Galeere ist die Segelqualle *Velella velella* (2). Ihre Nesselzellen sind für Menschen ungefährlich. Im Volksmund hat sie deshalb weniger kriegerische Namen abbekommen, nämlich „Sankt-Peters-Schifflein“ oder „Segler vor dem Wind“. Sie sieht aus wie ein tiefblaues ovales Floß, auf dem schräg ein durchsichtiges Segel sitzt. Das Segel zeigt entweder wie die Mittellinie des Buchstaben N nach rechts unten oder umgekehrt nach rechts oben. Die unterschiedliche Segelstellung sorgt dafür, dass nicht alle Segelquallen vom Wind in dieselbe Richtung geblasen werden. Die Velella lebt auf hoher See und zwar in warmen tropischen und subtropischen Meeren. Ihr Floß wird bis zu 4 Zentimeter lang, das Segel darauf ist etwa 1 Zentimeter hoch.

PLANKTONFRESSER

MONDFISCHE

Sie sind rund wie der Vollmond und flach wie ein Frisbee. Als schwerster Knochenfisch der Welt bringen Mondfische etwa so viel auf die Waage wie ein Nashorn und sind auch ähnlich lang. Ihre Augen sind besonders groß, um auch durchsichtige Beute zu entdecken. Durch ihren kleinen, immer leicht geöffneten Mund saugen sie Quallen, Segelquallen und Salpen ein und verschlucken sie unzerkaut. Mondfische selbst haben nicht viele Fressfeinde. Denn ihre bis zu etwa 7 Zentimeter dicke gummiartige Haut macht sie zu zähen Brocken. Nur für Parasiten bieten sie ein Festmahl. Auf kaum einem Tier leben mehr Schmarotzer.

(1)
(4)
(3)
(2)
(2)

MIT WIMPERN KLIMPERN

RIPPENQUALLEN

Ihr denkt bei schillernden Wimpern an einen unwiderstehlichen Augenaufschlag? Aber Rippenquallen haben keine Augen. Wozu also Wimpern? Sie schwimmen mit ihnen! Durch die synchrone Bewegung ihrer acht Wimpernkämme schiebt sich die Rippenqualle durchs Wasser. Diese Technik macht sie auf kurzer Strecke sogar zu einem wendigen Schwimmer, der mit dem Mund voraus kleineres Zooplankton jagt. Licht lässt ihre Wimpern bei jeder Bewegung in allen Regenbogenfarben schillern.

Seestachelbeere
Rippenquallen finden sich weltweit in allen Meeren. Eine der mehr als 100 verschiedenen Arten ist die Seestachelbeere *Pleurobrachia pileus* (1). Sie kommt unter anderem in der Nordsee vor. Ihr Körper ist oval mit einer kleinen Mundöffnung und wird bis zu 3 Zentimeter groß. Sie besitzt zwei lange klebrige Tentakel, mit denen sie Plankton aus dem Wasser fischt. An ihrem hinteren Ende befindet sich ein Gleichgewichtsorgan, mit dem sie oben von unten unterscheiden kann. Weitere einfache Sinnesorgane sind auf ihrer Oberfläche verteilt. Allerdings besitzen Rippenquallen genau wie Schirm- oder Würfelquallen kein Gehirn. Jede Information, die sie erhalten, kann nur eine direkte Reaktion auslösen. Nochmal nachdenken? – Fehlanzeige!

Gefräßiger Fruchtsalat
Die Melonenqualle *Boroe cucumis* (2) hat keine Tentakel, dafür aber eine enorm große Klappe. Ihren Mund kann sie so weit öffnen, dass Beute hineinpasst, die doppelt so groß ist wie sie selbst. Zu ihren kleineren Snacks zählen die Meerwalnüsse *Mnemiopsis leidyi* (3). Die Nordsee-Fischer sind der Melonenqualle für ihren Appetit sehr dankbar. Denn die Meerwalnüsse sind hier eigentlich nicht heimisch und sorgen mit ihrem Hunger auf Fischlarven für leere Netze.

Venusgürtel
Die größte Rippenqualle ist der Venusgürtel *Cestum veneris* (4). Er sieht ganz und gar anders aus als die rundlichen Seestachelbeeren, Melonenquallen und Meerwalnüsse. Er ist platt und schmal wie ein Gürtel und kann 1,5 Meter lang werden. In der Mitte des Gürtels sitzen der Mund, der Filtermagen und das Gleichgewichtsorgan. Zu jedem Gürtelende hin verlaufen von der Mitte aus zwei Wimpernreihen. Sie helfen dem Venusgürtel, auf der Stelle zu schweben und zu manövrieren. Er kann außerdem mit schlängelnden Bewegungen seitwärts schwimmen.

Das wässrigste Tier der Welt
Die Seestachelbeere besteht zu über 99 Prozent aus Wasser. Trotzdem oder gerade deshalb ist sie ziemlich hart im Nehmen. Falls ihr mal eine angespülte Seestachelbeere am Strand findet, setzt sie in ein Glas mit Meerwasser – vielleicht erholt sie sich.

MIT MANTEL UND DÜSENANTRIEB

SALPEN

Salpen gehören zu den Manteltieren. Wie kleine durchsichtige Fässchen (1) gleiten sie einzeln, in Ketten (2) oder in Kolonien durch die Meere. So zart sie auch aussehen, sie haben ein paar erstaunliche Superkräfte parat.

Eine davon ist ihr Mantel. Er dient dem Schutz vor Feinden und ist unter Tieren ziemlich einzigartig. Denn er besteht aus Cellulose. Das ist der Stoff, aus dem auch das Papier deiner Schulhefte gemacht ist. Cellulose ist widerstandsfähig, kommt aber normalerweise nur bei Pflanzen vor, zum Beispiel im Holz der Bäume.

Salpen können sich außerdem mit einem der effektivsten Düsenantriebe im Tierreich brüsten. Sie saugen Wasser durch ein Ende ihres Körpers ein und stoßen es zum anderen Ende wieder heraus. Auf diese Weise bewegen sie sich fort, aber das ist nicht alles – sie essen gleichzeitig. Während das Wasser durch sie hindurchströmt, filtern sie ihre Nahrung, kleines Plankton, heraus.

Gibt es viel zu futtern (zum Beispiel durch eine Algenblüte), können Salpen sich ruckzuck vermehren. Wissenschaftler:innen vermuten, dass sie sich unter allen mehrzelligen Lebewesen am allerschnellsten fortpflanzen können. In nur zwei Tagen werden sie erwachsen.

Salpen sind außerdem Meister darin, Kohlenstoff zum Meeresboden zu transportieren. Sie fressen unentwegt und produzieren wahre Hochgeschwindigkeitskacke, die auf dem Weg in die Tiefe bis zu 1.000 Meter pro Tag zurücklegt.

Leuchtgurke und Federboa
Zu den aufregendsten Salpen, die im Plankton umhertreiben, gehören die Feuerwalzen *Pyrosoma*. Wie ihr Name verspricht, können sie grandios leuchten, allerdings nicht feuerrot, sondern magisch hellblau. Jede Feuerwalze besteht aus einer ganzen Salpen-Kolonie, in der lauter kleine, genau gleiche Individuen einen gemeinsamen Körper bilden. Alle einzelnen Salpen können selbstständig fressen, verdauen, sich fortpflanzen und so weiter. Aber ganz nach dem Motto „gemeinsam sind wir stärker" bilden sie zusammen einen größeren Körper. Die *Pyrosoma atlanticum* (3) wird bis zu 15 Zentimeter lang, ein Zwerg gegen die *Pyrosoma spinosum* (4), die es auf mehrere Meter bringen kann. Taucher haben beschrieben, dass sich eine solch lange Feuerwalze unter Wasser so zart anfühlt wie eine Federboa.

*

Herzstillstand
Anders als Quallen haben Salpen ein Herz. Und auch das kann etwas ganz Besonderes – es pumpt das Blut mal in die eine und mal in die andere Richtung! Nur so kann es alle Organe versorgen. Um die Pumprichtung zu wechseln, bleibt es kurz stehen.

(1)
(2)
(3)
(4)

(3)
(4)
(2)

DEN KREBS BEIM NAMEN NENNEN

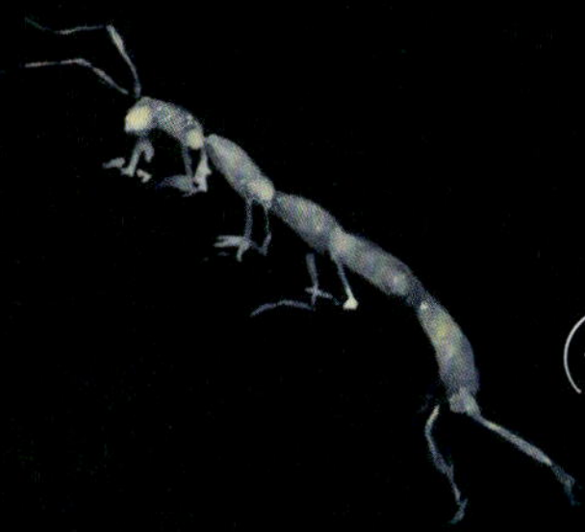

(1)

FLOHKREBSE

Flohkrebse sind weltweit im Süß- und Salzwasser verbreitet. Sie leben als Plankton im offenen Meer, hüpfen am Strand und im Watt umher, grasen an Schiffsrümpfen und Muschelbänken. Man kennt etwa 6.000 Arten. Zum Teil tragen sie tolle Namen wie Plattfuß-Flohkrebs, Kriechspur-Schlickkrebs, Kümmerlicher Gespensterkrebs (1), Haufen-Strandflohkrebs, Hübscher Flohkrebs, Quallenflohkrebs (2 + 3) und Kinderwagenkrebs (4).

Bekannter aus dem Strandeimer
Habt ihr schon mal am Strand eine Qualle aufgesammelt und mit ein bisschen Meerwasser versucht, sie wiederzubeleben? Ich war bei diesem Experiment etwa sieben Jahre alt und mit Eimer und Schippe am Strand der Nordsee unterwegs. Die Qualle lag, bevor sie in meinem Eimer landete, wohl schon länger im Sand und blieb trotz gespanntem Hinsehen und Piksens mit der Schippe bewegungslos. Nach kurzer Zeit regte sich aber etwas anderes im Wasser des Eimers – winzig kleine braune Krebse sausten um das leblose Geglibber. Woher kamen die?
Die Lösung des Rätsels gehört zum Plankton und heißt Quallenflohkrebs *Hyperia galba* (2 + 3). Ein Quallenflohkrebs treibt nicht gerne allein umher. Lieber sucht er sich eine Qualle, Salpe oder Staatsqualle als Quartier. Einmal festgekrallt fährt er bei seinem Gastgeber als Parasit mit und lässt sich durchfüttern. Wenn der allerdings, wie die elende Qualle in meinem Eimer, nichts mehr zu bieten hat, ist es Zeit weiterzuziehen. Erstaunlicherweise haben Quallenflohkrebse unter dem Quallenschirm eine andere Färbung als freischwimmend – in der Qualle erscheinen sie durchsichtig weiß (3), außerhalb sind sie bräunlich (2).

Krebs mit Kinderwagen
Auch andere Vertreter der Familie der Flohkrebse haben es auf die Geleetiere im Meer abgesehen – besonders radikal ist der Kinderwagenkrebs *Phronima* (4). Er überfällt Staatsquallen, Quallen und Salpen, frisst ihr Innenleben und behält den schicken Gelee-Mantel. Er schlüpft hinein, hält sich dort mit seinen Krallenarmen fest und nimmt ihn mit. Phronimaweibchen nutzen ihn nicht nur als Haus, sondern auch als Kinderwagen für ihren Nachwuchs. Die Phronima sind nämlich, was unter Krebsen ungewöhnlich ist, sehr fürsorgliche Mütter. Sie schieben ihren Nachwuchs in dem geraubten Tönnchen durchs Meer und füttern und schützen ihn, bis er groß genug ist, um sich ein eigenes Gelee-Haus zu rauben.

*

Gammaracanthuskytodermogammarus loricatobaicalensis ist der bislang längste vorgeschlagene Name für ein Lebewesen. Im Jahr 1927 sollte er an einen kleinen Flohkrebs aus dem Baikalsee gehen. Nach den internationalen Regeln für die Zoologische Namensgebung wurde er allerdings für ungültig erklärt. Glück gehabt, kleiner Krebs!

WAS DER WAL FRISST

RUDERFUSSKREBSE UND KRILL

Ruderfußkrebse
Sie sind die artenreichste Gruppe der Krebse. Von allen mehrzelligen Tieren existieren von ihnen vermutlich die meisten Individuen auf der Welt. Sie kommen im Süß- und Salzwasser vor.

Die Buttercremetorte der Arktis
Der Ruderfußkrebs *Calanus glacialis* (1) ist durchsichtig, misst etwa 4 Millimeter, hat nur ein einziges kleines Auge und zwei extra lange rote Fühler. Mit ihnen erkundet er die Welt um sich herum. Er bewohnt das Arktische Meer nahe dem Nordpol und hat sich damit einen ziemlich unwirtlichen Lebensraum ausgesucht. Hier ist es bitterkalt und die Hälfte des Jahres stockdunkel. Pflanzenfutter für den Vegetarier gedeiht nur in den Sommermonaten. Dann frisst er Kieselalgen, die an der Unterseite des Meereises wachsen und sich zwischen April und August rasant vermehren.

Fettreserven für den Winter sind in dieser Gegend das A und O, und darin ist der Calanus Spezialist. Sein Körper besteht zu sagenhaften 70 Prozent aus Fett. Das bringt nicht nur ihn durch die kargen Monate, sondern seine Fressfeinde gleich mit. Für Seevögel, Polardorsche und Grönlandwale ist er etwa so nahrhaft wie die Buttercreme auf einer Torte. Ein Grönlandwal futtert pro Jahr schätzungsweise 100 Tonnen Calanus und andere Schalentiere – so viel Masse wie etwa 800.000 Stück Buttercremetorte!

Krill
Am gegenüberliegenden Ende der Erde, dem Südpol, fressen die Wale hauptsächlich den Antarktischen Krill *Euphausia superba* (2). Auf Norwegisch bedeutet das Wort „Krill" auch sehr passend „Was der Wal frisst". Der gesamte Antarktische Krill bringt schätzungsweise 500 Millionen Tonnen auf die Waage und könnte damit die häufigste Tierart der Welt sein. (Während die Ruderfußkrebse den Rekord als häufigste Tiergruppe halten.)
Der Antarktische Krill wird etwa 6 Zentimeter lang, sieht einer kleinen Garnele ähnlich und kann leuchten. Er hat zwei große dunkle Augen. Mit ihnen erkennt er die Lichtblitze der anderen Tiere in seinem Schwarm und kann so kommunizieren.
Im Sommer bildet Krill gigantische Schwärme – ein Festmahl für Albatrosse, Fische, Robben, Pinguine und Wale. Auch der größte Riese der Meere, der Blauwal, reist jedes Jahr seinetwegen in diese kalte Gegend. Während der Futtersaison frisst ein Blauwal bis zu 16 Tonnen Krill pro Tag. Umgerechnet in Buttercremetorte sind das krasse 120.000 Stück!

Wassertreten
Krill muss sein ganzes Leben lang mit den Beinen rudern, um nicht zum Meeresboden zu sinken. Bei Gefahr aber schaltet er in den Rückwärtsgang und flüchtet mit dem Schwanz voraus.

PLANKTONFRESSER

BLAUWALE

Kieselalge → Krill → Blauwal, so kurz ist ihre Nahrungskette. Sie selbst werden dafür umso länger. Mit bis zu 33 Metern zählen Blauwale zu den größten Tieren, die je auf unserem Planeten gelebt haben. Zum Stillen ihres enormen Hungers filtern sie große Mengen Zooplankton, hauptsächlich Krill, aus dem Meer. Gleichzeitig sorgt ihr Kot wie guter Dünger dafür, dass das Futter des Krills, nämlich die Kieselalgen, prächtig gedeihen. Die Nahrungskette ist also ein Kreislauf, in dem sich die Wale um das Futter ihres Futters kümmern. Absurd, aber wahr: Mehr Wale bedeuten mehr Krill!

(2)
(5)
(3)
(4)
(1)

ENGEL, TEUFEL, SCHMETTERLING

RUDER- UND FLÜGELSCHNECKEN

Viele Meerschnecken treiben als junge Larven im Plankton. Sobald sie ausgewachsen sind, bewegen sich die meisten allerdings, wie es sich für eine Schnecke gehört, kriechend am Meeresboden fort. Eine Ausnahme sind die Ruder- und die Flügelschnecken. Die Evolution machte aus ihrem dicken Schneckenfuß zarte Flügel. Mit denen flattern sie ein ganzes Leben lang als Plankton umher und tragen im Volksmund die schönen Namen See-Engel und Seeschmetterling.

Engel oder Teufel?
Die größte Art unter den See-Engeln, *Clione limacina* (1), wird 5 Zentimeter lang und lebt gern im eisigen Nordpolarmeer. Sieht man genau hin, entdeckt man am Kopf des See-Engels zwei kleine Hörner – eher wie bei einem Teufelchen. Und tatsächlich, der Engel ist ein Raubtier. Mit ausfahrbaren Tentakel und Enterhaken macht er sich brutal über seine Beute her. Besonders gut schmeckt ihm ein Verwandter, der Seeschmetterling der Art *Limacina helicina* (2).

Auf der Jagd kann der wendige See-Engel für eine kurze Strecke richtig schnell schwimmen und den langsam umhertrudelnden Seeschmetterling leicht einholen. In diesem Moment wird aus dem Engel ein Monster. Zwischen seinen beiden Hörnchen öffnet sich sein Kopf zu einem riesigen Mund. Aus ihm schnellen sechs Tentakel (3) hervor, die nach dem Schneckenhaus des Seeschmetterlings greifen (4). Mit der Öffnung zuerst führen sie ihn zum Mund (5). Nun kommen zwei Haken zum Einsatz, die den weichen Körper aus seinem Haus ziehen. Der Seeschmetterling wird verspeist, sein Schneckenhaus sinkt leer zum Meeresboden.

Luxus-Schnecke
Der Seeschmetterling muss ordentlich schuften, um sich den Luxus seines Hauses leisten zu können. Er schlägt dafür unentwegt mit den Flügeln. Nur so schafft er es, nicht von ihm in die Tiefe gezogen zu werden. Vielleicht zum Ausgleich dieser Anstrengung gestaltet er seine Futtersuche sehr energiesparend. Er wirft ein Schleimnetz aus und frisst, was in ihm kleben bleibt.

*

Entführung auf hoher See
Der Antarktische See-Engel *Clione antarctica* (6) schützt sich durch einen chemischen Stoff vor seinen Feinden. Bei dem Flohkrebs *Hyperiella dilatata* (7) ist er wegen dieser Waffe sehr beliebt. Er entführt den See-Engel und trägt ihn wie einen giftigen Rucksack mit sich umher.

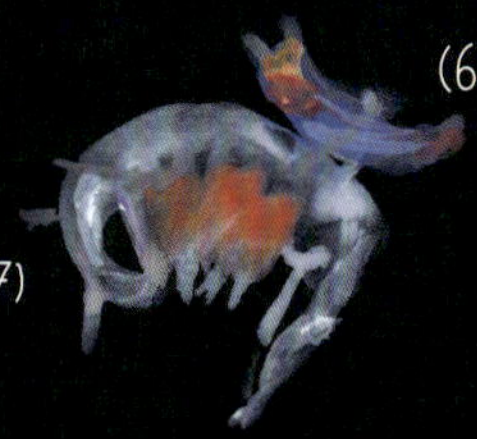

TÄNZER UND FLIEGENDE HINTERN

MEERESWÜRMER

Tanzwurm
Der Helgoländer Planktonwurm *Tomopteris helgolandica* (1) wird bis zu 4 Zentimeter lang. Er gehört zu den Borstenwürmern und lebt in der Nordsee, im Nordatlantik und im Mittelmeer. Sein Körper ist durchsichtig, dünn wie ein Stückchen Frischhaltefolie und in Segmente unterteilt. Seinen Kopf zieren zwei lange Fühler. Er schwimmt in grazilen Wellenbewegungen und sieht dabei so wendig und tänzerisch aus, dass Ingenieure ihn genau studieren, um sich inspirieren zu lassen. Droht ihm Gefahr, verwirrt er seine Jäger mit einem Feuerwerk. Von den Enden seiner Borsten wirft er tausende Leuchtteilchen ab und verschwindet selbst fix in der Dunkelheit. Seinen Eiern dienen dieselben Borsten als Nest. Sind sie reif, schüttelt er sie einfach ins offene Wasser.

Schweinepowurm oder fliegender Hintern
Und nun das Gegenteil zum eleganten Tanzwurm – der fliegende Hintern!
1 bis 2 Zentimeter im Durchmesser misst der *Chaetopterus pugaporcinus* (2) und ist damit etwa so groß wie eine Weintraube. Er lebt in der Tiefsee und wurde erst 2007 von Wissenschaftler:innen des Monterey Bay Aquariums in Kalifornien entdeckt und beschrieben. Dort ist man sicher, dass es sich trotz der rundlichen Form um einen Wurm handelt. Ob so allerdings das erwachsene Tier aussieht oder sich der Hintern später in etwas anderes verwandelt, weiß die Wissenschaft noch nicht.

Rüsselwurm mit Riesenaugen
Einen etwas erstaunten Gesichtsausdruck verleihen dem Rüsselwurm *Vanadis* (3) seine beiden großen roten Glubschaugen. Anders als die meisten Borstenwürmer kann er mit ihnen nicht nur hell und dunkel unterscheiden, sondern richtige Bilder sehen. Erspäht er im offenen Wasser Beute, fährt er blitzschnell sein Rüsselmaul aus und saugt sie ein. Der Rüsselwurm wird etwa 10 Zentimeter groß und lebt in der Tiefsee.

Kopf ab? Macht nichts!
Die meisten Arten der Pfeilwürmer leben als Plankton in den wärmeren Ozeanen. Sie sind raketenförmige Jäger, lauern ihrer Beute, kleinerem Zooplankton, auf und stürzen sich dann auf sie. Pfeilwürmer können sehr widerstandsfähig sein. Die Gattung *Spadella* (4) kann sogar ohne Kopf überleben.

*

Aus eins mach viele
Der Plattwurm *Schmidtea mediterranea* (5) ist ein wahres Selbstheilungswunder. Schneidet man ihn in kleine Teile, wächst aus jedem Stückchen wieder ein ganzer Wurm.

(1)
(2)
(3)
(4)
(5)

Mein Name ist Alejandro Sánchez Alvarado. Ich betrachte mich als molekularentwicklungsbiologischen Wissenschaftler und bin Forscher am Stowers Institute for Medical Research in Kansas City, Missouri.

Ich bin Wissenschaftler geworden, weil ich immer sehr neugierig auf das Leben war. Ich wollte seine manchmal elegante und manchmal rätselhafte und verwirrende Komplexität verstehen. Ich habe früh in meinem Leben gelernt, dass Wissenschaft nicht nur eine Methode ist, sondern eine so mächtige und klare Denkweise, dass sie dazu beitragen kann, die sonst unsichtbaren Kräfte, Partikel, Moleküle und Beziehungen aufzudecken, die das Leben auf der Erde möglich machen. Wissenschaft erzeugt Wissen, und Wissen erzeugt Verständnis. Und so ist das, was Marie Curie vor fast 100 Jahren gesagt haben soll, heute mehr denn je gültig: „Man braucht im Leben nichts zu fürchten, man muss es nur verstehen. Jetzt ist es an der Zeit, mehr zu verstehen, damit wir weniger fürchten." Ich wurde Wissenschaftler, damit wir mehr verstehen können.

In meinem Forschungsbereich arbeite ich an Stammzellen und Geweberegeneration bei Tieren. Für meine Forschung verwende ich Tiere, die regenerative Fähigkeiten in großem Maße haben. Der Plattwurm *Schmidtea mediterranea* kann beispielsweise in viele kleine Fragmente geschnitten werden, von denen sich jedes zu einem vollständigen Organismus regeneriert.

Mein Ziel ist es herauszufinden, warum die Regeneration im Tierreich so weit verbreitet, aber ungleichmäßig verteilt ist. Ich hoffe, dass wir durch die Entschlüsselung der molekularen, genetischen und zellulären Grundlagen der Regeneration neue Prinzipien der Biologie aufdecken können.

Plankton hilft mir bei meiner Forschung, weil es ein faszinierendes Fenster in die Komplexität und Vielfalt des Lebens auf der Erde bietet. Die Erforschung von Plankton ermöglicht uns, einen Einblick in die Bandbreite biologischer Möglichkeiten zu bekommen. Die verschiedenen Formen, Funktionen und Komplexitäten des Planktons stellen unsere bestehenden Vorstellungen in der Biologie infrage und erfordern eine Überprüfung unseres Verständnisses. Die Vielfalt von Plankton regt dazu an, über herkömmliche Denkmuster hinauszugehen und die Wissenschaft auf innovative Weise zu betrachten.

Plankton ist cool, weil es auf den ersten Blick nicht eines der interessantesten Organismen im Meer zu sein scheint. Doch diese winzigen Lebewesen haben eine riesengroße Bedeutung für das Wohlbefinden der meisten anderen Organismen auf der Erde, die nicht sofort ersichtlich ist: Ohne Plankton hätten wir wenig Luft zum Atmen und auch nicht viel zu essen.

Mein Tipp für euch:
Tragt immer eine Lupe bei euch, sei es eine echte oder digitale (in eurem Handy). Und verpasst nie die Gelegenheit, damit ins Wasser zu schauen, egal ob in einen Teich, Fluss oder das Meer. Man weiß nie, was man zu sehen bekommt. Sicher ist, in einem bescheidenen Wassertropfen kann man ein Universum voller Wunder finden, bevölkert von Lebensformen, die eure Vorstellungskraft an ihre Grenzen bringen.

ALEJANDRO SÁNCHEZ ALVARADO

„EIN FENSTER ZUR EVOLUTION"

(3)
(5)
(7)
(4)
(2)
(6)
(4)
(1)

RAUS MIT EUCH!

WENN DIE ELTERN FESTSITZEN …

Viele Tiere, die am Meeresboden leben, also zum Beispiel Seesterne, Seeigel, Korallen und Muscheln, aber auch manche Würmer, Krebse und Schnecken, können keine weiten Strecken zurücklegen. Das Reisen überlassen sie deshalb ihren Kindern. Die Meeresströmung trägt sie in Form von Eiern, Spermien und Larven mit sich fort und hilft so der Tierart dabei, neue Lebensräume zu finden. Und die Eltern? – Sie bleiben einfach gemütlich sitzen.

Babys bei Vollmond
Die Seeigel *Echinoidea* (1) sind hübsch und wenn wir nicht gerade reintreten, ziemlich ungefährlich. Sie können sich nur sehr langsam fortbewegen und nehmen auch bei der Partnersuche eine energiesparende Abkürzung. In romantischen Vollmondnächten geben sie Millionen von Eiern und Milliarden von Spermien ins Wasser ab. Dort findet die Befruchtung ohne Zutun der Eltern statt. In nur einem Tag entwickelt sich aus der befruchteten Eizelle ein raketenförmiges Embryo (2), das einem Seeigel nullkommagarnicht ähnlich sieht. Zwei Tage später ist daraus eine Larve (3) entstanden. Sie frisst sich mehrere Wochen an Phytoplankton satt, bis sie sich in einen jungen Seeigel verwandelt und als solcher ein schönes Plätzchen am Meeresboden bezieht.

Karneval der Krustentiere: Krebslarven
Die Zeit vom Ei bis zum erwachsenen Tier ist unter Krebsen ein wahres Kostümfest. Sie durchlaufen unterschiedliche Larvenstadien, während derer sie sich mehrfach häuten. Ihren Eltern sehen sie zu dieser Zeit kaum ähnlich. Forscher gingen früher sogar davon aus, dass es sich um unterschiedliche Tiere handelt, und gaben jeder Phase einen eigenen Namen. Hier ein paar Beispiele:

Ein einziges Auge wie bei einem Zyklop und drei Beinpaare sind typisch für Nauplius-Larven (4). Ruderfußkrebse zum Beispiel durchlaufen sechs Nauplius-Stadien. Zoea-Larven (5) dagegen besitzen schon zwei Augen und einen zweigeteilten Körper, an dem mehrere Beinpaare und andere Auswüchse sitzen. Megalopa-Larve (6) heißt bei den Krabben sozusagen die Pubertät. Sie ist der Übergang von der Kindheit im Plankton zum erwachsenen Leben als Krabbe. Wenn es für die Phyllosoma-Larve (7) der Languste an der Zeit ist, erwachsen zu werden, wirft sie ihre Augen, ihren Kopf und ihre Gliedmaßen ab. Während die abgeworfenen Teile zur Mahlzeit eines anderen Tieres werden, entsteht aus dem nackten Rest die Languste.

Piks!
Manchen Larven wachsen lange Dornen und verrückte Verästelungen. Sie helfen ihnen, im Wasser zu schweben, anstatt in die Tiefe zu sinken. Außerdem macht ihr prickeliges Äußeres sie für ihre Feinde unappetitlich – wer will schon einen Kaktus essen!?

DER OZEAN ALS KINDERGARTEN

FISCHKINDER UND LARVEN

Ein Bad in der Menge
Die meisten Meerestiere starten als Plankton ins Leben. In den Ozeanen wimmelt es nur so von Eiern, Embryos und Babys. Doch die Zeit, in der die Minis mit der Strömung treiben, ist für sie voller Gefahren. Die meisten landen als Mahlzeit im Bauch eines Größeren, lange bevor sie erwachsen sind. Das gilt für den Mondfisch-Nachwuchs (1) genauso wie für den eines Tintenfisches (2). Um ihren Jägern trotzdem ein Schnippchen zu schlagen, bedienen sich die Kleinen geschickt aus der Plankton-Trickkiste. Von verstecken bis erschrecken, von glitschig bis stachelig, von unsichtbar bis knallbunt – die Kinder der Meerestiere haben so manchen Kniff zum Überleben parat.

Salpensurfen und Quallenreiten
Jugendliche Fische, Oktopusse und Krebse wissen eine gute Mitfahrgelegenheit zu schätzen. Sie schlüpfen unter die Schirme von Quallen, verstecken sich in Salpen und saugen sich an Feuerwalzen fest. Diese Gemeinschaften sind für den Fahrer meist nicht freiwillig und je nach Größenverhältnis ist nicht einmal klar, wer eigentlich am Steuer sitzt.

Sich mit fremden Waffen schmücken
Langustenlarven und kleine Löcherkraken (3) halten sich besonders gerne an Feuerquallen fest und lassen sich von den Nesselzellen ihres Chauffeurs beschützen. Noch radikaler geht der Löcherkraken-Nachwuchs mit der Portugiesischen Galeere um. Er reißt ihr die giftigen Tentakel ab, um sich selbst mit ihnen zu verteidigen.

Achtung, Jugendmode!
Statt sich zu bewaffnen, erschrecken einige planktonische Jungtiere ihre Feinde mit wilden Modekreationen. So sehen zum Beispiel die spektakulären Anhängsel an den Flossen des jungen Bartmännchens *Brotulotaenia nielseni* (4) so aus, als könnten sie richtig wehtun. Sie imitieren Giftkapseln, die sonst bei Staatsquallen vorkommen. Als erwachsener Fisch verliert das Bartmännchen sein besonderes Äußeres und lebt als unauffälliger brauner Knochenfisch in großer Tiefe.
Junge Tintenfische mögen es bunt. Mithilfe von Farbzellen in ihrer Haut können sich schon die transparenten Babys knallige Tupfen und Flecken zulegen. Als erwachsenes Tier haben sie so viele dieser Zellen, dass sie wie ein Chamäleon komplett ihre Farbe ändern können. So tarnen sie sich und kommunizieren auch.

*

Nemo auf Wohnungssuche
Wenn aus der Larve ein Jungfisch wird, kann der Fischnachwuchs schon ganz gut schwimmen. Um im Korallenriff ein geeignetes Zuhause zu finden, orientiert er sich an der Sonne, an Strömungen, Geräuschen und Gerüchen.

(1)
(2)
(3)
(4)

Mensch, kleines Meer!
Das Mar Menor (Kleines Meer) in Spanien ist besonders häufig von Verschmutzung und verheerenden Algenblüten betroffen. Seit 2022 hat es vor Gericht nun dieselben Rechte wie ein Mensch. Fügt man ihm Schaden zu, kann man verklagt werden.

MAN SIEHT SICH!

MILLIONEN NEUER FREUNDE

Gratuliere, so viele Lebewesen auf einen Schlag lernt man wirklich selten kennen!

Die Neuen
Eben noch unbekannt und jetzt schon allgegenwärtig – beim Luftholen, in der Schule, im Auto, am See, im Meer, beim Fischessen und beim Zähneputzen: dauernd begegnet uns Plankton. Wir sehen es den weißen Kreidefelsen an und dem Meeresschaum am Strand. Hier können wir es sogar riechen.
Ganz selbstverständlich nennen wir winzige Algen im selben Atemzug mit den riesigen Bäumen des Regenwalds. Wir denken bei Plankton an Kohlenstoff und sind froh, dass Billionen von Planktern dem Klima zur Seite stehen.
Sich einfach treiben zu lassen klingt sinnvoll, sich auf tagelanges Planktonieren und planktonische Ferien zu freuen auch.

Da fragt man sich doch wirklich, warum eigentlich nicht viel mehr Leute von Plankton reden?

Fremd sein
Die einzige Erklärung ist, dass wir für eine Freundschaft mit den winzigen Unterwasserwesen nicht so gut ausgestattet sind – wir sind zu groß, haben zu schlechte Augen, keine Kiemen und viel zu viel Auftrieb.

In ihrer Welt, in der Wasser so zäh ist wie Honig, in der man sich selbst reparieren, von innen leuchten und ewig leben kann, in der einige kein Herz und manche kein Hirn haben, in der Körper durchsichtig sind und ein Tier manchmal aus vielen besteht – hier sind wir die Fremden.

Kennenlernen
Kaum irgendwo auf unserem Planeten gibt es noch so viel Neues zu entdecken und so viele Geheimnisse zu lüften wie in der Welt des Planktons. Wissenschaftler:innen vermuten hier den Schlüssel, um das Rätsel des Lebens zu lösen, Krankheiten zu heilen und das Klima zu retten. Sie gucken sich mechanische Lösungen und raffiniertes Design bei den Planktern ab und kommen oft aus dem Staunen über ihre Vielfalt kaum heraus.

Dabei ist dieses Universum nicht Lichtjahre entfernt. In jedem Gewässer gleich um die Ecke lassen sich Planktonproben sammeln. Anleitungen dafür gibt es im Internet. Mikroskope, um den Fang zu betrachten, kann man sogar aus Pappe selber falten oder die der Schule benutzen.

Freunde werden
Um unsere neuen Bekannten zu Freunden zu machen, kümmern wir uns am besten um ihren Lebensraum – die Teiche, Seen und Ozeane. Behandeln wir diese Gewässer unserer Erde mit Respekt, schützen wir die Organismen, die in ihnen leben. Und wer will nicht Billionen von Planktern zum Freund haben!

(1) Larve einer Zylinderrose, etwa 4 Millimeter groß

VON XXS BIS XXL

PLANKTON-GRÖSSENTABELLE

Femtoplankton
Kleiner als 0,2 Mikrometer (µm), das ist kleiner als 1/40 eines roten Blutkörperchens, z. B. Meeresviren. Kann man nur mit dem Rasterelektronenmikroskop sehen.

Zum leichteren Vorstellen: Vergrößert man einen Virus (Durchmesser: 0,13 µm) 10-millionenfach, hat er die Größe eines Kindes (1,30 m). Würde man das Kind 10-millionenfach vergrößern, wäre es so groß wie die Erde.

Pikoplankton
0,2 bis 2 Mikrometer (µm), das ist kleiner als 1/4 eines roten Blutkörperchens, z. B. Bakterien, kleinstes Phytoplankton. Kann man gerade noch so mit dem Lichtmikroskop erkennen.

Nanoplankton
2 bis 20 Mikrometer (µm), das ist 1/4 bis doppelt so groß wie ein rotes Blutkörperchen, z. B. viele Phytoplankter, einzelliges Zooplankton, größte Bakterien.

Mikroplankton
20 bis 200 Mikrometer (µm), das ist doppelt so groß wie ein rotes Blutkörperchen bis doppelt so dick wie ein Haar, z. B. große Phytoplankter, kleines vielzelliges Zooplankton.

Mesoplankton
0,2 bis 20 Millimeter (mm), das ist 2-mal so dick wie ein Haar bis zur Größe einer Hummel, z. B. vielzelliges Zooplankton wie Ruderfußkrebse, größte Einzeller wie Kammerlinge, kleine Manteltiere, kleine Fischlarven. Ab hier können wir das Plankton mit unseren Augen sehen.

Makroplankton
2 bis 20 Zentimeter (cm), das ist zwischen der Größe einer Hummel und der Größe eines Meerschweinchens, z. B. große Fischlarven, Pfeilwürmer, Krill.

Megaplankton
Größer als 20 Zentimeter (cm), das ist größer als ein Meerschweinchen, z. B. einige Quallen, Venusgürtel.

ZAHLEN UND MASSE

Million (Mio.):
Eine 1 mit sechs Nullen = 1.000.000

Milliarde (Mrd.):
Eine 1 mit neun Nullen = 1.000.000.000

Billion (Bio.):
Eine 1 mit zwölf Nullen = 1.000.000.000.000

Nanometer (nm):
1 milliardstel Meter
1 nm = 0,000000001 m

1 Nanometer ist im Verhältnis zu einer Orange so klein wie eine Orange im Verhältnis zur Erde.

Mikrometer (µm):
1 millionstel Meter
1 µm = 0,000001 m
1 Mikrometer = 1.000 Nanometer

Millimeter (mm):
1 tausendstel Meter
1 mm = 0,001 m

GLOSSAR

Alge
Eine Pflanze, die im Wasser wächst und keine Wurzeln, Blätter und Stängel hat.

Atmosphäre
Gashülle der Erde

Auftrieb
Die Kraft, die im Wasser oder in der Luft etwas nach oben drückt.

Bakterium
Ein winziges Lebewesen, dessen Zelle keinen Zellkern hat.

Befruchtung
Verschmelzen von → Spermium und → Ei

Benthos
Organismen, die am Boden eines Gewässers leben.

Cellulose (Zellulose)
Hauptbestandteil pflanzlicher Zellwände

Charles Darwin
Naturforscher und Begründer der Evolutionstheorie

Continuous Plankton Recorder
Gerät zum großflächigen Sammeln von Planktonproben

DVM (Diel Vertical Migration)
Die tägliche vertikale Wanderung von Wasserlebewesen zwischen Tiefe und Oberfläche

Ei
Weibliche Keimzelle

Einzeller
→ Lebewesen, das nur aus einer Zelle besteht.

Embryo
Frühes Entwicklungsstadium eines → Lebewesens

Energie
Kraft, die etwas bewegen, Wärme erzeugen oder Licht machen kann.

Erdzeitalter
Die einzelnen Kapitel der Erdgeschichte

Gen
Erbinformation, Teil des Bauplans eines Lebewesens

Glucose
Einfachzucker, Energielieferant der Zelle

Kalkstein
Gestein, das sich vor Millionen von Jahren vor allem durch Ablagerung von Planktonorganismen gebildet hat.

Kambrium
Erdzeitalter von vor 541 bis vor 485,4 Millionen Jahren, in dem sich viele Lebensformen gebildet haben (kambrische Explosion).

Klimawandel
Langfristige Änderung des Klimas der Erde. Die Erwärmung, die wir im Moment sehen, entsteht durch den menschengemachten Überschuss an CO_2.

Kohlendioxid (CO_2)
Ein Gas, das aus Kohlenstoff und Sauerstoff besteht.

Kohlenstoff
Ein chemisches Element, aus dem zum Beispiel Kohle und Diamanten bestehen.

Larve
Stadium zwischen Ei und ausgewachsenem Lebewesen

Lebewesen
Haben folgende Merkmale: bestehen aus Zellen, können sich bewegen, nehmen Nahrung auf, reagieren auf Reize, wachsen, können sich fortpflanzen, können sich von Generation zu Generation verändern (Evolution).

Nekton
Alle Lebewesen im Wasser, die auch gegen den Strom schwimmen können.

Nahrungskette, Nahrungsnetz
Die Nahrungsbeziehungen zwischen den Lebewesen eines Ökosystems

Organismus
Lebewesen

Ozeanversauerung
Überschüssiges → Kohlendioxid aus der Luft wandelt sich im Ozean zu Kohlensäure um. Durch die Säure wird der pH-Wert des Wassers saurer.

Ozeanerwärmung
Durch den Klimawandel steigende Wassertemperatur der Ozeane

Parasitismus
Beziehung, in der ein → Organismus der einen Art (der Parasit) einen Organismus einer zweiten Art (seinen Wirt) ausbeutet.

Pflanze
→ Lebewesen, das → Photosynthese betreibt und sich nicht fortbewegen kann.

Plankter
Ein einzelnes → Lebewesen, das zum → Plankton gehört.

Plankton
Im Wasser lebende → Organismen (Pflanzen, Tiere, Bakterien und Pilze), die nicht gegen die Strömung anschwimmen können.

Photosynthese
Vorgang, bei dem Pflanzen → Kohlendioxid und Wasser mithilfe von Sonnenlicht in → Glucose und Sauerstoff umwandeln.

Phytoplankton
Pflanzliches → Plankton

Spermium
Männliche Keimzelle

Stoffkreislauf
Kreislauf, in dem Stoffe (z. B. → Kohlenstoff) von einem zum anderen → Lebewesen weitergegeben werden.

Strömung
Große Wasser- oder Luftmassen bewegen sich in eine Richtung.

Symbiose
Beziehung zwischen zwei Arten, die für beide Seiten nützlich ist.

Tier
Ein Lebewesen, das Sauerstoff atmet und sich von anderen → Lebewesen ernährt.

Virus
Ansteckender Erreger, der eine lebende Zelle als Wirt braucht.

Zelle
Grundbaustein aller → Lebewesen

Zellkern
Kommandozentrale der → Zelle, die auch die Erbinformation enthält.

Zooplankton
Tierisches Plankton

REGISTER

Die **fett** gesetzten Seitenzahlen verweisen auf ausführlichere Texte zum jeweiligen Thema.

LEBEWESEN

MENSCHLICHE LEBEWESEN

Kristina Heldmann malt mit bewegten Pinselstrichen und frischen Farben am liebsten Menschen, Tiere und Natur. Seit ihrem Diplom in Visueller Kommunikation arbeitet sie als freiberufliche Illustratorin. Sie lebt mit ihrer Familie und ihrem Hund in Berlin.
Bei Jacoby & Stuart sind von ihr bereits das prämierte Sachbuch *Ohne Eis kein Eisbär* sowie das Bilderbuch *Alfred, Elefant seit 1932* erschienen.

IMPRESSUM

Ein verlagsneues Buch kostet in ganz Deutschland und Österreich jeweils dasselbe. Das liegt an der gesetzlichen Buchpreisbindung, die dafür sorgt, dass die kulturelle Vielfalt erhalten und für die Leser:innen bezahlbar bleibt. Also: Egal ob im Internet, in der Großbuchhandlung, beim lokalen Buchhändler, im Dorf oder in der Stadt – überall bekommen Sie Ihre verlagsneuen Bücher zum selben Preis.

All unsere klimaneutral gedruckten Novitäten und Nachdrucke finden Sie auf climatepartner.com unter Angabe der ID 13916-1911-1001. Hier erhalten Sie auch Einblick in die Windenergie- und sozialen Projekte, die wir mit Ihrer Hilfe unterstützen.

Druckprodukt mit finanziellem
Klimabeitrag
ClimatePartner.com/13916-1911-1001

Dieses Buch ist auf Papier gedruckt, für das nur Holz aus nachhaltiger Forstwirtschaft verwendet wurde.

FSC www.fsc.org MIX Fördert gute Waldnutzung FSC® C023577

Das Buch wurde finanziell unterstützt durch die Ludwig-Maximilians-Universität München.

LMU LUDWIG-MAXIMILIANS-UNIVERSITÄT MÜNCHEN

Buchgestaltung: baileyundbailey.de

Druck & Bindung: Polygraf
Printed in Slovakia
ISBN 978-3-96428-214-9